國際貿易虛擬仿真實驗指導教程

主編 王美英

前　言

　　國際貿易專業實驗教學的目的，概括起來有三點：①運用國際貿易專業實驗的方法，配合專業課程的課堂教學，驗證並鞏固課堂講授的定理、概念和方法，讓學生學好國際貿易專業課程的知識體系與結構；②學習基本的實驗技術，讓學生在運用實驗方法探求未知的過程中，培養自己的思維觀察能力，掌握從事科學研究或處理工程問題的能力，即運用理論，通過技術解決問題的能力；③養成運用實驗方法解決問題的習慣，在不斷解決經濟與管理實踐問題的過程中，培養學生的創新能力、實踐能力和創業精神，為日後走上工作崗位奠定良好的基礎和能力。

　　本教材正是在上述目標的指導下，由多年擔任國際貿易模擬及國貿實務實訓等課程的教學工作、具有深厚的專業教學經驗的教師進行編寫。作者針對目前我校國際貿易模擬等實驗課程指導教材缺乏的現狀，從實際教學需要出發，注重學生的實際需求，並總結多年研究學生在實驗過程中的困惑及疑問編寫而成，有較強的應用效果。

　　該教材包括單證填寫、流程模擬及實驗報告四個板塊，共16個實驗項目，對國際貿易實務的相關實驗依託現有教學軟件進行詳細講解和指導。

　　本教材由王美英負責全書各章節的結構、內容的策劃和統稿工作。參加編寫的人員主要是王美英、蔣興紅，並得到戴佩華、胡偉輝老師的鼎力支持。本書由重慶工商大學經濟學院張寶均教授主審。

本書參閱了一些文獻資料，部分資料來自於網路，難以找到原始出處，可能在參考文獻中有所遺漏，在此向相關作者表示深深的歉意和感謝！此外，由於是第一次探索編著系統化的國際貿易實訓教材，難免存在許多疏漏和不當之處，在此懇請廣大讀者批評指正！

編　者

目 錄

第一部分　單證練習實驗項目 ……………………………………………（1）

實驗項目一　交易磋商及合同訂立 ……………………………………（1）
實驗項目二　信用證開立及審核 ………………………………………（19）
實驗項目三　商業發票及裝箱單的填製 ………………………………（34）
實驗項目四　出口貨物明細單與提單的填製 …………………………（41）
實驗項目五　投保單、原產地證明及報檢單的填製 …………………（52）
實驗項目六　報關單及匯票的填製 ……………………………………（62）

第二部分　流程模擬實驗項目 ……………………………………………（69）

實驗項目七　SimTrade 實習平臺及進出口預算表的填寫 ……………（69）
實驗項目八　外貿流程操作（L/C+CIF）………………………………（75）
實驗項目九　外貿流程操作（D/P+FOB）……………………………（82）
實驗項目十　外貿流程操作（L/C+CFR）……………………………（85）
實驗項目十一　外貿流程操作（T/T+CIF）……………………………（88）
實驗項目十二　外貿流程操作（T/T+CFR）……………………………（90）
實驗項目十三　外貿流程操作（D/A+FOB）…………………………（93）

第三部分　仿真競技實驗項目 ……………………………………………（96）

實驗項目十四　交易磋商仿真 …………………………………………（96）
實驗項目十五　交易流程仿真 …………………………………………（102）
實驗項目十六　合同簽訂及進出口預算 ………………………………（111）

第四部分　實驗報告 ………………………………………………………（114）

附件　售貨合同 ……………………………………………………………（141）

第一部分　單證練習實驗項目

實驗項目一　交易磋商及合同訂立

1.1　實驗目的

瞭解 Training 軟件的基本功能，熟悉交易磋商的四個環節，可以撰寫並發送簡單的磋商函電，並能夠獨立完成進出口合同的繕制。

1.2　實驗使用的儀器設備（軟件）

南京世格外貿練習系統（Training）。

1.3　實驗要求

1. 回顧相關理論，熟悉進出口業務合同訂立的一般程序，明確詢盤、發盤、還盤、接受等環節的相關國際慣例，並掌握外銷合同的基本內容。
2. 通過案例題目的動手操作，進行合同磋商並據此繕制出口合同。
3. 完成實驗報告，記錄重點步驟及實驗心得。

1.4　實驗理論基礎

進出口貿易業務的實際操作有很多環節，各個環節之間通常有一定的順序。一般來說，不論出口或進口，整個貿易過程均可分為三個階段：交易前的準備、商定合同和履行合同。交易雙方需要在充分準備的基礎上，經過洽商、訂立合同，以確定雙方的權利和義務，然後按合同約定履行各自的義務。

1.4.1　交易磋商的一般程序

買賣雙方訂立合同一般都要進行討價還價，訂立合同的過程也就是交易磋商的過程。交易磋商是指買賣雙方就某項商品的交易條件進行協商以求得一致意見，達成交易的整個過程。交易磋商在形式上可分口頭和書面兩種。口頭磋商主要是指面對面的談判形式以及雙方通過電話進行的交易磋商。書面磋商是指通過信件和數據電文（包括電報、電傳、傳真、EDI、電子郵件）等方式進行磋商交易。通過口頭洽談和書面磋商，雙方就交易條件達成一致后，即可製作正式的書面合同。

交易磋商的內容涉及擬簽訂的買賣合同的各項條款，包括品名、品質、數量、包

裝、價格、裝運、保險、支付以及商檢、索賠、仲裁和不可抗力因素，等等。在實際業務中，商檢、索賠、仲裁、不可抗力因素等條款通常作為一般交易條件成為格式合同的一部分，只要對方沒有異議，就不必逐條重新協商、列出。

交易磋商的程序可概括為四個環節：詢盤、發盤、還盤和接受。其中，發盤和接受是每筆交易必不可少的兩個環節。

1. 詢盤

（1）詢盤的含義

詢盤（Inquiry）在國際貿易實務中也被稱作詢價，而在國際商務法律中又被稱作要約邀請。它是指交易的一方欲購買或出售某種商品，向另一方探詢該商品的價格等交易條件的業務行為。詢盤對於詢盤人和被詢盤人均無法律上的約束力，而且不是交易磋商的必經步驟，但是它往往是一筆交易的起點。所以作為被詢盤的一方，應對接到的詢盤予以重視，並做及時和適當的處理。

詢盤可由買方發出，稱為邀請發盤（Invitation to Make an Offer），也可由賣方發出，稱為邀請遞盤（Invitation to Make a Bid）。

（2）詢盤應該注意的問題

①詢盤雖然可同時向一個或幾個交易對象發出，但不應在某一時期集中對外詢盤，以防止暴露我方購買或出售心切。

②買方發出詢盤后，沒有必須購買貨物的義務；賣方發出詢盤后，也沒有必定出售貨物的責任，即詢盤對雙方均無法律上的約束力，而且也不是每筆交易的必經步驟，但是在貿易習慣上，應該避免出現只詢盤不購買或不出售貨物的現象，否則容易失掉信譽。

③被詢盤人可以及時發盤，也可以拖延一段時間發盤，還可拒絕回答詢盤，不過在貿易習慣上，應該及時回覆，以表示對對方的尊重。

④詢盤雖然對雙方無法律上的約束力，而且也不是每筆交易的必經步驟，但是，雙方往往在詢盤的基礎上經過多次磋商，最后達成交易。如履約時雙方發生爭議，那麼原詢盤的內容也成為磋商成交文件的不可分割的部分，同樣作為處理爭議的依據。

（3）詢盤函寫作要點

詢盤函的內容可以是只詢問價格，也可詢問其他一項或幾項交易條件，而多數是詢問價格且主要是詢問價格，所以詢盤也稱詢價。書寫詢盤信函應注意以下問題：

①說明客戶來源

瞭解客戶資料可以有很多渠道，如通過駐外使館商務參讚處、商會、商務辦事處、銀行、其他公司等，或在企業名錄、各種媒體廣告和互聯網上尋找，或在交易會和展覽會上結識等。說明資料來源可以有多種方式，如：

例1. We have heard from China Council for the Promotion of International Trade that you are in the market for Electric Appliances.

例2. We have obtained your name and address from the Internet.

例3. Your name and address has been given to us by Smith Co. in Hongkong, who have informed us that you are one of the leading importers of Light Industrial Products in your country.

②介紹本公司，說明去函目的

注意對本公司的介紹應簡潔明瞭，概括說明公司的性質、業務範圍、經營作風等，也可附上產品目錄或價目表，同時表明希望與對方建立業務關係的目的。例如：

例1. We are one of the leading exporters of electric goods in this city and shall be pleased to establish business relations with your corporation.

例2. As Chinese Cotton Piece Goods falls within the scope of our business activities, we shall be pleased to enter into direct business relations with you at an early date.

（3）激勵性結尾

結尾時，一般應寫上希望對方回覆信函或勸說對方立即採取行動的語句。例如：

例1. We look forward to receiving your reply soon.

例2. We trust that you will send us your reply by return.

2. 發盤

（1）發盤的含義

發盤（Offer）又稱報盤、發價，發盤既是商業行為，又是法律行為，在合同法中稱為要約。它是指交易的一方向另一方提出購買或出售某種商品的各項交易條件，並願意按照這些條件達成交易，是簽訂合同的一種表示。發盤可以是應對方詢盤的要求提出，也可以是在沒有詢盤的情況下，直接向對方提出。發盤多由賣方提出，習慣上稱為賣方發盤（Selling Offer），也可由買方提出，習慣上稱為買方發盤（Buying Offer）或遞盤（Bid）。

（2）發盤的要件

根據《聯合國國際貨物銷售合同公約》（簡稱《公約》）的解釋，構成一項發盤應具備以下四個條件：

①向一個或一個以上的特定人發出。比如：出口商為招攬用貨單位而向一些國外客戶寄發的商品目錄、報價單、價目表或刊登的商品廣告等，都不是報盤。

②表明發盤人的訂約意圖和受其約束。這是指發盤人向受盤人表示，在得到有效接受時，雙方即可按發盤的內容訂立合同。發盤中通常都規定有效期，作為發盤人受約束和受盤人接受的有效時限。在有效期內，一般不得反悔或更改發盤條件。但發盤亦可因撤回而阻止未能生效或因拒絕、還盤、撤銷、法律實施、過期等失效。

③內容必須十分確定。發盤內容應該是完整的、明確的和終局的。「完整」是指貨物的各種主要交易條件完備；「明確」是指主要交易條件不能用含糊不清、模棱兩可的詞句；「終局」是指發盤人只能按發盤條件與受盤人訂立合同，而無其他保留或限制性條款。

④發盤送達受盤人。發盤於送達受盤人時生效。

（3）發盤有效期

在通常情況下，發盤都具體規定一個有效期，作為對方表示接受的時間限制，超過發盤規定的時限，發盤人即不受約束，當發盤未具體列明有效期時，受盤人應在合理的時間內接受才能有效。何謂「合理時間」，須根據具體情況而定。根據《公約》的規定，採用口頭發盤時，除發盤人發盤時另有聲明外，受盤人只能當場表示接受，

方為有效。

採用函電成交時，發盤人一般都明確規定發盤的有效期。其規定方法有以下幾種：

①規定最遲接受期限

例如，限6月6日復，或限6月6日復到此地。當規定限6月6日復時，按有些國家的法律解釋，受盤人只要在當地時間6月5日24點以前將表示接受的通知投郵或向電報局交發即可。但在國際貿易中，由於交易雙方所在地的時間大多存在差異，所以發盤人往往採取以接受通知送達發盤人時為準的規定方法。按此規定，受盤人的接受通知不得遲於6月6日內送達發盤人。

②規定一段接受的期限

例如，發盤有效期為6天，或發盤限8天內復。採取此類規定方法，其期限的計算，按《公約》規定，這個期限應從電報交發時刻或信上載明的發信日期起算。如信上未載明發信日期，則從信封所載日期起算。採用電話、電傳發盤時，則從發盤送達受盤人時起算。如果由於期限的最后一天為發盤人營業地正式假日或非營業日，則應順延至下一個營業日。

此外，當發盤規定有效期時，還應考慮交易雙方營業地點不同而產生的時差問題。

(4) 發盤注意問題

①我國是《公約》的簽字國之一。因此，在我國的進出口業務中，凡與締約國之間的貿易，對於發盤能否撤銷的問題，應按《公約》的規定辦理。即凡對外報價並規定有效期限的，在有效期限內不得撤銷。這對於穩定客戶、提高我國出口商品的信譽和發展我國出口貿易是有利的。

②在我們對外發盤時，究竟是發實盤還是發虛盤，一定要根據交易洽商的實際情況、市場變化和受盤人的特點來靈活運用。實盤具有法律約束力，易引起受盤人的注意，有利於迅速達成交易，但缺乏靈活性。在發盤時一旦市場情況估計有誤，發盤的內容不當，將陷於被動的局面。虛盤不具有法律約束力，因為保留了最后確認權，所以當情況有變化，可以修改交易條件或不確認，比較靈活，有充分的回旋余地。正因為如此，受盤人往往不予重視，不易迅速達成交易。發盤人為了瞭解市場情況，可以先對外發虛盤，待市場情況摸清后，再根據情況對外發實盤，爭取有利條件成交。

③我國的長期貿易習慣，將發盤分為實盤和虛盤兩種，而《公約》將發盤分為不可撤銷的發盤（Irrevocable Offer）和可撤銷的發盤（Revocable Offer）兩種。無論是不可撤銷的發盤還是可撤銷的發盤，對發盤人來說均有約束力，只不過前者的約束力更大一些。另外，根據《公約》的規定，交易磋商的程序一般包括邀請發盤、發盤、還盤和接受幾個環節，所以，在實踐中邀請發盤有時稱為發虛盤。但是應該向國際貿易的習慣靠攏，在對外洽商交易時，盡量避免使用實盤和虛盤的詞語，而爭取按《公約》規定的發盤分類方法去解釋。

④《公約》中有效發盤的內容與我國習慣上使用的發盤內容有著明顯的差別，在工作中我們應注意掌握。《公約》第14條規定，一項有效發盤只要寫明貨物的名稱、數量和價格，即視為交易條件完備。而我們習慣上則認為，發盤中必須寫明貨物的名稱、品質、數量、包裝、價格、交貨期和支付方式，才算交易條件完備。鑒於我國已

經是《公約》的簽字國之一，為了今后工作中不發生失誤，下述三點可資考慮：第一，如國外發盤中的內容符合《公約》的規定，則應視為有效發盤加以考慮；第二，如我方對外發實盤，為慎重起見，仍可沿用過去的習慣做法（即註明所有的主要貿易條件）；第三，如我方對外發虛盤，則應改變過去那種「交易條件不完備」的做法，以防對方誤解而導致爭端，最好在虛盤中採取保留條件的做法，以使對方明白無誤。

（5）發盤函寫作要點

出口商通常會在兩種情況下擬寫發盤：一是直接向客戶發盤；二是在收到客戶詢盤后做出答覆。由於場景不同，兩者擬寫的技巧也有所區別。前者要多考慮發盤的完整性的吸引力；后者則要針對對方的要求有的放矢，才有收穫。比如客戶一般都會說自己訂量很大，要求報較低價格，發盤時就可按數量等級成階梯狀報價發盤，以滿足客戶不同需要。完整準確地擬寫發盤可以避免爭議，縮短交易磋商的時間，盡快達成協議。一般說來，一封規範的發盤函應包括如下三方面的內容：

①準確闡明各項主要交易條件

根據我國的貿易實踐，一項交易條件完整的發盤應包括品名、品質、數量、包裝、價格、交貨和支付幾項內容。

例如：

We take pleasure in making you a special offer as follows:

Art. No. 8101 Printed Shirting

Design No. 7542301A

Specifications: 30x36s 72x69

Quantity: 18,000yards

Packing: in bales or in wooden cases, at seller's option

Shipment: to be made in three equal monthly installments, beginning from Aug. 2002.

Payment: by confirmed, irrevocable L/C payable by draft at sight to be opened 30 days after the time of shipment.

②聲明此發盤的有效期及其他約束條件

為了防止日后的爭議或敦促對方早下訂單，發盤中通常會明示發盤的有效期，或指出其有效的條件。例如：

例1. This offer is valid for 7 days.

例2. For acceptance within two weeks.

例3. ... subject to your reply reaching here before March 28.

③鼓勵對方訂貨並保證供貨滿意

發盤的目的是為了獲得訂單，所以發盤中通常會用一些鼓勵、刺激對方下訂單的語句來結尾。例如：

例1. We hope you will agree that our prices are very competitive for these good quality clothes, and we look forward to receiving your initial order.

例2. As we have been receiving a rush of orders now, we would advise you to place your order as soon as possible.

例3. Any orders you place with us will be processed promptly.

當然，在適當的情況下，也可對產品的優點做進一步的闡述的強調。若是在收到對方詢盤后進行發盤，通常還需要在信的開頭對對方的來函表示感謝，並針對詢盤中提出的其他問題做具體回覆。

3. 還盤

（1）還盤的含義

還盤（Counter Offer）又稱還價，指受盤人在接到發盤后，不同意或不完全同意發盤的內容，為了進一步磋商交易，於是對發盤提出修改或變更意見，用口頭或書面的形式表示出來，即構成還盤。

還盤可以針對價格，即人們常說的討價還價，也可以針對品質、數量、交貨期、支付方式等其他交易條件提出修改或變更意見，如把3~4月份交貨期改為1~2月份交貨，把信用證支付方式改為托收支付方式。一方在接到另一方的還盤后，可以表示接受、拒絕，也可以進行再還盤，即針對對方還盤，再提出修改意見，有時一筆交易往往要經過多次還盤的反覆磋商，才能達成。還盤不是磋商的必經步驟和階段。有時交易雙方無須還盤即可成交；有時雖經多次反覆還盤，但終因雙方分歧過大而不能成交。

（2）還盤的性質

①還盤是對發盤的拒絕或否定，還盤一經做出，原發盤即失去效力，發盤人不再受其約束。

②還盤等於受盤人向原發盤人提出的一項新發盤。還盤做出后，還盤的一方與原發盤的一方在地位上發生了變化，還盤者由原來的受盤人變成了新發盤的發盤人。而原發盤的發盤人則變成了新發盤的受盤人。新受盤人有權就還盤內容進行思考，決定接受、拒絕或是再次還盤。

③還盤也有虛實之分，即還盤既可能是有約束力的實盤，也可能是無約束力的虛盤。

④只有受盤人才可以還盤，非受盤人還盤無效。

（3）還盤的注意問題

①在交易磋商中，由於雙方地位不同，爭取的目標不同，因而，一方的報價或其他條件往往與另一方可能接受的價格或其他條件有較大的差距。在這種情況下，要想達成交易，就要進行艱難的討價還價，急於求成是不行的。

②在談判中，當對方的發盤條件與我方的能夠接受的條件相距甚遠時，要冷靜分析對方的發盤。對於外商來說，哪些條件是至關重要的，哪些條件是次要的。還可以詢問對方報價的依據以及在各項主要交易條件上有多大的通融余地。然后把對方的意圖與我方的要求加以比較，找出分歧的地方及側重點。

比如說，外商作為賣方，除了要求賣個好價外，還希望早點成交，盡快收匯，以解決資金週轉的困難；而我方作為買方，最關心的是如何以最低價買進，至於支付方式與時間，相對來講不是最重要的。這樣分析之後，雙方之間的分歧及側重點就比較清楚了。針對這種情況，我方再進一步研究採取什麼樣的對策，也就是制訂出磋商的方案。

③在摸準市場動態和客戶經營作風及其真實意圖的基礎上，如果確認我方原發盤符合市場行情，所報價格和其他交易條件是合理的而對方還盤中所提條件是不合理的，那麼我們就不能輕易接受對方的還盤。反之，如果對方還反應了一定的市場動態，所提條件比較合理，我們又想迅速達成交易，就可適當讓步，比如，調低價格或適當放寬其他交易條件，進行再還盤，或者及時接受對方的還盤，而不要在次要問題上糾纏，延誤交易時間。

（4）還盤函寫作要點

出口發盤之後，雙方最難達成一致意見的就是商品的價格，作為買方總是希望對方降價，還盤中會羅列出諸如該價格購進自己很難推銷、競爭者類似報價很低、訂量大要求折扣、國際市場價格走低等理由。而賣方總是想維持原價，當發盤后如果沒有回音，賣方應主動聯繫客戶；當買方還盤要求降價時，賣方通常面臨三種選擇。一是堅持原價，還盤函中就應說明產品的優越性或原料、人工上漲等理由，但如果努力說服客戶接受原價，就有可能讓客戶沒有獲利感覺，失去成交的機會，甚至失去客戶。二是完全接受對方的還價。三是針對對方的還價進行再還價。如果接受對方還價或適當降價，則應考慮公司利潤有無下降空間，或者與運輸、港口、倉儲等部門協商以期減少費用開支，或者壓低供貨價格，或者改變付款方式，或者雙方分擔一些費用、或者通過鼓勵對方增加訂貨數量等方式來降低出口報價。總之，要降低價格就要進行適當的還價核算。但是無論降價與否，總的說來，擬寫還盤函一般要包含如下內容：

①確認對方來函

還盤函的開頭，一般都應禮節性地感謝對方來函，並將自己對來函的總體態度簡明表示出來。例如：

例1. Thank you for your fax of Aug. 13th. It is difficult for us to sell the goods, as your price is so high.

例2. We are glad to receive your E-mail of Jun. 28th but we're afraid we can't accept your counter bid.

②強調原價的合理性，並列明理由

無論最后是否接受對方的還價，我們一般都會先堅持原價的合理性，給出各種適當的理由。例如：

例1. Our products are of high quality.

例2. Our price is reasonable compared with that in the international market.

例3. This is our lowest quotation. I'm afraid we can't go any further.

例4. We feel that your counter offer is not proper because the price for such material is on the increase at present.

③提出我方條件，並催促對方行動

這部分主要是表達成交的願望，希望對方早下訂單。通常會加上給予折扣等促銷的條件或工廠訂單特別多等刺激對方下單的語句。例如：

例1. We are prepared to make a two percent reduction if your order is big enough.

例2. If I had not been for our good relationship, we wouldn't have made you a firm offer at this price.

例3. The manufacturers are very heavily committed for many months to come.

4. 接受

(1) 接受的含義

接受（Acceptance）是指交易的一方在接到另一方的發盤或還盤以口頭或書面的形式或行為向對方無條件地表示完全同意發盤或還盤的內容，並願與之簽訂合同。接受在法律上稱作承諾。接受如同發盤一樣，既屬於商業行為，也屬於法律行為。接受產生的重要法律後果是交易達成、合同成立。

《公約》第18條給接受下的定義是：「受盤人聲明或做出其他行為表示同意一項發盤，即為接受。發盤一經受盤人有效接受，交易即告達成，合同即為成立。接受可以由賣方做出，也可以由買方做出。」

(2) 構成接受的要件

根據《公約》的解釋和規定的條件，構成有效的接受要具備以下4個：

①接受必須由收盤人做出。這一條件與構成發盤的第一條件是相呼應的。發盤必須向特定的人提出，即表示發盤人願意按發盤的條件與受盤人達成交易並簽訂合同，但並不表示他願意按這些條件與其他任何人達成交易，訂立合同。因此，接受也只能由受盤人做出，才具有法律效力。任何第三者對發盤的接受對發盤人均無約束力。

②接受必須表示出來。受盤人做出接受，要採用聲明或做出其他行為的方式表示。所謂聲明，是指以口頭或書面的形式向發盤人明確表示接受；所謂做出其他行為，是指用行為表示接受。

③接受必須無條件同意發盤的全部內容。這就是說，接受的內容應與發盤的內容一致，才表明交易雙方就有關的交易條件達成了一致意見，即所謂「合意」。但在實際業務中，常有這種情況，受盤人在答覆雖然使用了「接受」這個詞，但又對發盤內容做了增加、限制或修改。這在法律上稱為有條件的接受，不是有效的接受，而是一種還盤，實際上是對發盤的拒絕。發盤人可以不受其約束。然而，這並不是說受盤人在表示接受時，不能對發盤的內容做絲毫的變更。這裡的關鍵問題是看這種變更是否是屬於實質性的。

④接受必須在發盤的有效期內做出。發盤中通常都規定有效期。如果發盤中明確規定了有效期，受盤人只有在有效期內做出接受才有效；如果發盤中未明確規定有效期，按照國際貿易習慣，應在合理時間內做出接受才有效。

(3) 逾期接受

在國際貿易中，由於種種原因，受盤人的接受通知超過發盤的有效期才送達到發盤人，這在法律上稱為「逾期接受」。逾期接受在一般情況下不能視為有效的接受，不具有法律效力，因而，發盤人不受其約束。但下述兩種情況屬於例外：

①《公約》第21條第1款規定：「逾期接受仍有效力，如果發盤人毫不遲延地用口頭或書面形式將此種意見通知受盤人。」在一定條件下，逾期接受仍有效力。這裡所說的一定條件，是指由發盤人確認，並且毫不延遲地通知受盤人，通知的方式可以是口頭的，也可以是書面的。而如果發盤人不確認，不及時通知，這項接受就沒有效力。

②《公約》第 21 條第 2 款規定：「如果載有逾期接受的信件或其他書面文件表明，它是在傳遞正常、能及時送達發盤人的情況下寄發的，則該項逾期接受仍具有接受的效力，除非發盤人毫不遲延地用口頭或書面形式通知受盤人，他認為他的發盤已經失效。」如果逾期接受並非受盤人的過失，而是傳遞造成的失誤，就是說，受盤人已按期發出了接受，傳遞正常的話，本可以及時送達發盤人的，那麼這種逾期仍具有效力。但是，如果發盤人及時通知受盤人，他認為發盤已經失效，則逾期接受就不具有效力；反過來說，如果發盤人未及時表態，而受盤人又能證明逾期不屬於他的責任，那麼逾期接受就具有效力。

總而言之，在接受逾期的情況下，不管受盤人有無責任，該接受是否有效的主動權在發盤人。

（4）接受的撤回與修改

在接受的撤回或修改問題上，《公約》採取了大陸法「送達生效」的原則。《公約》第 22 條規定：「接受得予撤回，如果撤回通知於接受原應生效之前或同時送達發盤人。」由於接受在抵達發盤人時才產生法律效力，故撤回或修改接受的通知，只要先於原接受通知或與原發盤接受通知同時抵達發盤人，則接受可以撤回或修改。如接受已經抵達訪盤人，即接受一旦生效，合同即告成立，就不得撤回接受或修改其內容，因為這樣做無異於撤銷或修改合同。

需要指出的是，當前通信設備非常發達和各國普遍採用現代化通信的條件下，當發現接受中存在問題而想撤回或修改時，往往已經來不及了。為了防止出現差錯和避免發生不必要的損失，在實際業務中，應當審慎行事。

（5）接受需要注意的問題

①應該慎重地對磋商的函電或談判記錄進行認真核對，經核對認為對方提出的各項主要交易條件已明確、完整、無保留條件和肯定時，才能表示接受。

②應該在對方報價規定的有效期間做出，並應嚴格遵守有關時間的計算規定。

③在做出接受之前，應該詳細分析對方的報價，搞清楚是實盤還是虛盤。如果將對方的虛盤誤認為實盤表示接受，可能暴露我方接受的底價和條件，使我們處於被動地位。如果將對方的實盤誤認為虛盤，可能失去成交良機。

（6）接受函寫作要點

表示接受的信函最主要的目的是要告訴對方合同或確認書已經寄出，希望對方會簽，同時表達成交的高興心情。例如：

例 1. We are glad that through our mutual effort finally we have reached the agreement.

例 2. We believe the first transaction will turn out to be profitable to both of us.

例 3. We are sending you our Sales Contract No. 23456 in duplicate. Please sign it and return one copy for our file.

另外，當支付方式是信用證時，出口方還應加上一些催促對方盡早開立信用證的語句，因為按照開證才能保證出口方按時交貨。例如：

例 1. It is understood that a letter of credit in our favor covering the above-mentioned goods will be established promptly.

例 2. Please instruct your bank to issue the credit as early as possible so that we may process with the goods immediately.

例 3. We wish to point out that the stipulations in the relevant credit should strictly conform to the terms we have agreed upon so as to avoid subsequent amendments.

1.4.2 進出口貿易合同的主要內容

進出口貿易合同，又稱國際貨物買賣合同，是不同國家和地區之間的買賣雙方就貨物交易所達成的協議。通過簽訂書面合同使買賣雙方當事人的權利和義務固定下來，成為履行權利和義務的依據。並且，在發生爭議時又是判定雙方是否違約和承擔責任的依據。因此，訂立合同對當事人雙方十分重要。

一項有效的貿易合同必須具備必要的內容。否則，約定不明，對當事人應承擔的責任無法判定，出現爭議時就很難解決，甚至因缺少某些內容而導致合同無效。一般來說，書面合同的內容一般由下列三部分組成：

一、約首

約首是指合同的序言部分，其中包括合同的名稱、訂約雙方當事人的名稱和地址（要求寫明全稱）。此外，在合同序言部分常常寫明雙方訂立合同的意願和執行合同的保證。

二、本文

本文是合同的主體部分，具體規定了買賣雙方各自的權利和義務，一般通稱為合同條款。如品名條款、品質條款、數量條款、價格條款、包裝條款、裝運條款、支付條款及商檢、索賠、仲裁和不可抗力條款等。

三、約尾

約尾一般列明合同的份數，使用的文字及其效力、訂約的時間和地點及生效的時間。合同的訂約地點往往要涉及合同準據法的問題，因此要謹慎對待。我國的出口合同的訂約地點一般都寫在我國。

1.4.3 進出口貿易合同的主要條款

一、品質條款

1. 商品品質是指商品的內在素質和外觀形態的結合。前者包括商品的物理性能、機械性能、化學成分和生物特性等自然屬性；后者包括商品的外形、色澤、款式或透明度等。例如：

Name of Commodity：Northeast Soybean（品名：東北大豆）

Name of Commodity：Plush Toy Bear（品名：絨毛玩具熊）

2. 表示商品品質的方法

在國際貿易中表示商品品質的方法主要有以實物表示商品品質和憑文字說明表示商品品質兩種：

（1）以實物表示商品品質。可以分為看貨成交（又稱憑現貨買賣）和憑樣品買賣。其中，看貨成交指買賣雙方根據成交貨物的實際品質進行交易。這種方法多半用於拍賣、寄售和展賣業務中，尤其適用於具有獨特性質的商品，如珠寶、首飾、字畫及特

定工藝製品。憑樣品買賣指交易雙方規定以樣品表示商品的品質並以之作為賣方交貨品質的依據。在國際貿易實務中，有些商品難以用文字來說明其品質，代之以實物樣品來表示。如某些工藝品、服裝、土特產品、皮鞋等一般適用在造型設計上有特殊要求（色、香、味等方面特徵）的商品。

（2）憑文字說明表示商品品質。有以下幾種表示方法：分別是憑規格買賣（Sale By Specification）、憑等級買賣（Sale By Grade）、憑標準買賣（Sale By Standard）、憑說明書買賣（Sale By Descriptions）、憑商標或品牌買賣（Sale By Trade Mark Or Brand）和憑產地名稱買賣（Sale By The Name Of Origin）。

3. 品質條款的規定

品質條款是合同中的一項主要條款，是買賣雙方對商品質量、規格、等級、標準、商標、牌號等的具體規定。賣方以約定品質交貨，否則買方有權提出索賠或拒收貨物，以至撤銷合同。

規定品質條款的注意事項：

（1）交貨品質與樣品大體相等或其他類似條款。

（2）品質公差：指國際上公認的產品品質的誤差。例如，C708 中國灰鴨絨，含絨量 90%，允許上下 1% 浮動。

（3）機動幅度。例如，棉布 35/36 英吋。

（4）規定品質規格的上下極限。例如，白糯米碎粒最高 25%。

二、數量條款

1. 計量單位

國際貿易中使用的計量單位很多，究竟採用何種計量單位，除主要取決於商品的種類和特點外，也取決於交易雙方的意願。

2. 計算重量的方法

國際貿易中計算重量的方法主要有：毛重、淨重、公量、理論重量、法定重量和實物淨重。

3. 數量條款的約定

買賣合同中的數量條款，主要包括成交商品的數量和計量單位，按重量成交的商品、還需說明計算重量的方法。數量條款的內容及繁簡，應視商品的特性而定。

三、包裝條款

1. 包裝的含義和內容

包裝條款是國際貨物買賣合同中的一項主要條款，按照合同約定的包裝要求提交貨物是賣方的主要義務之一。一些國際法律將包裝視作貨物說明的一部分，《聯合國國際貨物銷售合同公約》第 35 條（1）款規定：「賣方須按照合同規定的方式裝箱或包裝。」如果賣方不按照合同規定的方式裝箱或包裝，即構成違約。為了明確國際貨物買賣合同中當事人的責任，通常應在買賣合同中對商品的包裝要求作明確具體的要求。

2. 包裝的分類

包裝根據在流通過程中所起作用的不同，可分為運輸包裝（即外包裝）和銷售包裝（即內包裝）兩種類型，前者的主要作用在於保護商品和防止出現貨損貨差，后者

起到保護商品的作用和促銷的功能。

　　(1) 運輸包裝

　　根據包裝方式不同，分為單件運輸包裝（指貨物在運輸過程中作為一個計件單位的包裝）和集合運輸包裝（是在單件運輸包裝的基礎上，把若干單件包裝組合成一件大的包裝或裝入一個大的容器內的包裝）。

　　(2) 銷售包裝

　　銷售包裝通常又稱小包裝或內包裝，是指直接接觸商品，隨商品進入零售市場，面對消費者的包裝。這類包裝除必須具有保護商品的功能外，更應具有促銷的功能。

　　3. 條形碼技術在商品包裝上的應用

　　現代商品包裝上還應印有條形碼。條形碼是由一組配有數字的黑白及粗細不等的平行條紋所組成，是一種利用光電掃描閱讀設備為計算機輸入數據的特殊代碼語言。

　　條碼的應用有如下優越性：①可靠準確。②數據輸入速度快。③經濟便宜。④靈活、實用。⑤自由度大。⑥設備簡單。⑦易於製作。

　　現代商品包裝上使用的條形碼，在國際上通用的有兩種：一種是UPC碼（統一產品代碼），由美國和加拿大組織的統一編碼委員會（Universal Code Council，UCC）編製；另一種是EAN碼，由英、法、德等歐共體12國成立的歐洲物品編碼協會（European Article Number Association，EAN）編製。雖然在1981年，EAN改名為國際貨品編碼協會（International Article Number Association），但仍保留原簡稱。

　　廠商應根據需要選擇申請適宜的代碼結構，遵循三項基本的編碼原則，即唯一性原則、無含義性原則、穩定性原則編製商品標示代碼，這樣就能保證商品標示代碼在全世界範圍內是唯一的、通用的、標準的，就能作為全球貿易中信息交換、資源共享的關鍵字和全球通用的商業語言。

　　4. 商品運輸包裝的標誌

　　為了在商品的儲運中易於辨認，在運輸包裝的外面書寫、壓印、刷制一定的圖形、文字和數字，就稱為商品運輸包裝標誌。

　　商品運輸包裝標誌包括：①運輸標誌，②指示性標誌，③警告性標誌。

　　運輸標誌又稱嘜頭，通常是由一個簡單的幾何圖形和一些字母、數字及簡單的文字組成。其主要內容包括：目的地的名稱或代號，收、發貨人的代號，件號，批號。此外，有的運輸標誌還包括原產地、合同號、許可證號和體積與重量等內容。

　　5. 定牌、無牌和中性包裝

　　(1) 定牌、無牌

　　①定牌是指賣方按買方要求在其出售的商品或包裝上標明買方指定的商標或牌號的做法。

　　②無牌是指買方要求賣方在出口商品和/或包裝上免除任何商標或牌名的做法，它主要用於一些尚待進一步加工的半製成品。

　　(2) 中性包裝（Neutral Packing）

　　中性包裝是指在商品上和內外包裝上不註明生產國別的包裝。中性包裝有定牌中性和無牌中性之分。

四、價格條款

進出口合同中的價格條款，一般包括商品的單價（Unit Price）和總值或總金額（Total Amount）兩項基本內容。單價通常由四個部分組成，即計量單位、單位價格金額、計價貨幣和貿易術語四項內容。例如，「US $ 150 per Metric Ton CIF New York」表示每公噸 150 美元 CIF 紐約。總值或總金額是單位和數量的乘積，也就是一筆交易的貨款總金額。總值所使用的貨幣必須與單價所使用的貨幣一樣。總值除使用阿拉伯數字填寫外，一般還用文字表示。

1. 作價辦法

（1）固定價格：這是國際貿易中常見的作價辦法。

（2）非固定價格：暫定價格、暫不作價。

2. 佣金與折扣

（1）佣金（Commission）

佣金是代理人或經紀人（中間商）為委託人進行交易而收取的報酬。佣金分為明佣和暗佣兩種。關於計算佣金的公式如下：

佣金＝含佣價×佣金率

淨價＝含佣價－佣金＝含佣價×（1－佣金率）

（2）折扣（Discount）

折扣是賣方給予買方的價格減讓，用文字明確表示出來。例如：每公噸 1000 美元 CIF 紐約包括 3% 折扣表示為 US $ 1000 per M/T CIF New York including 3% discount。

折實價＝原價×（1－折扣率）

五、裝運條款

1. 運輸方式

在國際貿易中採用的運輸方式包括海洋運輸、鐵路運輸、航空運輸等各種運輸方式。

2. 裝運條款的主要內容

①裝運時間規定方法。②裝運地和目的地的規定方法。③分批裝運和轉運的規定方法。④裝運通知。

六、運輸保險條款

1. 海上運輸保險的承保範圍

海上運輸保險人主要承保由於海上風險和外來風險所造成的貨物或費用損失。這裡所指海上運輸保險人是指保險公司。

（1）海上風險

海上風險在保險業界又稱為海難，一般包括自然災害和意外事故兩種。按照國際保險市場的一般解釋，這些風險所指的大致內容如下：

自然災害。所謂自然災害，是僅指惡劣氣候、雷電、洪水、流冰、地震、海嘯、火山爆發以及其他人力不可抗拒的災害。

海上意外事故。海上意外事故所指的主要是船舶擱淺、觸礁、碰撞、爆炸、火災、沉沒、船舶失蹤或其他類似事故。

（2）海上損失

海上損失（簡稱海損）是指被保險貨物在海運過程中，由海上風險所造成的損壞或滅失。根據國際保險市場的一般解釋，凡與海陸連接的陸運過程中所發生的損壞或滅失，也屬海損範圍。海損按貨物損失程度的不同，可分為全部損失（Total Loss）和部分損失（Partial Loss）；按貨物損失的性質區分，又可分為共同海損（General Average）和單獨海損（Particular Average）。

2. 海運貨物保險的險別

CIC 承保責任範圍：保險人承保責任範圍大小，取決於不同保險險別。

（1）基本險別：主要包括平安險、水漬險和一切險。

①平安險（Free From Particular Average，F. P. A）

承保責任範圍包括：

被保險貨物在運途中遭受自然災害造成的全損。

運輸工具遭意外事故造成貨物的全部或部分損失。

運輸工具遭意外事故情況下，貨物在此前後又遭自然災害造成的部分損失。

在裝卸或轉船時，一件或數件整件貨物落海造成的全損或部分損失。

被保險人對遭風險的貨物採取搶救，以防止或減少損失所支付的合理費用，但以不超過保險金額為限。

運輸工具遭海難后，在避難港（卸、存、運）產生的特別費用。

共同海損的犧牲、分攤和救助費用。

「船舶互撞條款」中規定由貨方償還船方的損失。

②水漬險（W. A 或 W. P. A）

承保責任範圍包括：平安險 + 自然災害下的部分損失。

③一切險（All Risks，A. R）

承保責任範圍包括：水漬險 + 一般附加險的內容。

（2）附加險別

①一般附加險（General Additional Risks）

主要包括：偷竊提貨不著險、淡水雨淋險、滲漏險、短量險、鈎損險、污染險、破碎險、碰損險、生鏽險、串味險和受潮受熱險（11 種）。

②特殊附加險（Special Additional Risks）

主要包括：戰爭險和罷工險，以及其他特殊附加險：交貨不到險、艙面險、拒收險、黃曲霉素險。

採用不同的貿易術語，辦理投保的人就不同。凡採用 FOB 或 CFR 條件成交時，在買賣合同中，應訂明由買方投保。凡以 CIF 條件成交的出口合同，均須向中國人民保險公司按保險金額、險別和適用的條款投保，並訂明由賣方負責辦理保險。按照國際保險市場習慣，通常按 CIF 或 CIP 總值加 10% 計算投保金額，保險費 = 保險金額×保險費率。

例如：出口工具至香港，貨價 1,000 港元，運費 70 港元，加一成投保一切險和戰爭險，一切險費率為 0.25%，戰爭險費率為 0.03%。試計算投保額和保險費應是多少。

七、支付條款

國際貿易貨款的結算，主要涉及支付工具、付款時間、地點及支付方式等問題，買賣雙方洽商交易時，必須對此達成一致的意見，並在合同中具體訂明。

國際貿易貨款的收付，以現金結算貨款使用較少，大多使用非現金結算，即使用代替現金作為流通手段和支付手段的信貸工具來進行國際的債權債務的結算。票據是國際通行的結算和信貸工具，是可以流通轉讓的債權憑證。在國際貿易中，作為貨款的支付工具有貨幣和票據，而以票據為主。

八、商品檢驗檢疫條款

在國際貿易中，買賣雙方交易的商品，一般都要經過檢驗檢疫。國際貨物買賣合同中的檢驗檢疫條款，主要包括檢驗檢疫時間與地點、復驗期限與復驗地點、檢驗檢疫機構與檢驗檢疫證書，以及檢驗檢疫標準與方法等內容，這些內容都要在合同中訂明。

九、索賠條款

索賠（Claim）是指交易一方不履行合同義務或不完全（也稱「不適當」）履行合同義務，致使另一方遭受損失時，受損方向違約方提出要求給予損害賠償的行為。在國際貿易中，種種原因往往會引起索賠事件。根據損失的原因和責任的不同，索賠有3種不同情況：凡屬承保範圍內的貨物損失，向保險公司索賠；如系承運人的責任所造成的貨物損失，向承運人索賠；如系合同當事人的責任造成的損失，則向責任方提出索賠。本節介紹的，僅限買賣雙方在履行合同過程中出現違約情況而引起的索賠。

對受損方提出的索賠要求予以受理並進行處理，稱為理賠。索賠與理賠是一個問題的兩個方面。對受損方而言，稱作索賠，對違約方而言，稱作理賠。

十、不可抗力條款

不可抗力（Force Majeure）是指買賣合同簽訂后，並非由於合同當事人的過失或疏忽，而是由於發生了合同當事人無法預見、無法預防、無法避免和無法控制的意外事故，以致有關當事人不能履行或不能如期履行合同義務，發生意外事故的一方當事人可以免除違約的責任。

在國際貨物買賣合同履行過程中，意外事故時有發生，對哪些事故構成不可抗力，當事人享有何種程度的免責，應在訂立不可抗力條款時做出相應的約定。

十一、仲裁條款

在國際貿易中，買賣雙方簽訂合同后，由於種種原因，沒有如期履行合同，會引起交易雙方的爭議。謀求解決爭議的方法一般有友好協商、調解、仲裁和訴訟四種。

友好協商是解決爭議的最妥善的方法。爭議雙方通過友好協商，達成和解，取得彼此都能接受的解決方法。

調解（Conciliation）是在爭議雙方自願基礎上，由第三者出面居間調停。調解是解決爭議的一種好辦法，我國仲裁機構採取調解與仲裁相結合的辦法。

在友好協商和調解難以達成協議時，可訴諸法律。但訴訟（Litigation）往往曠日持久，費用昂貴。

仲裁（Arbitration）是指買賣雙方達成協議，一旦發生爭議和糾紛，自願將爭議和糾紛交由雙方同意的仲裁機構進行裁決的一種解決紛爭的方法。

1.5 實驗內容

1.5.1 撰寫商務函電進行交易磋商

1. 步驟

登錄練習系統→查看我的練習→選擇習題→進入答題→完成實驗報告。見圖1.1。

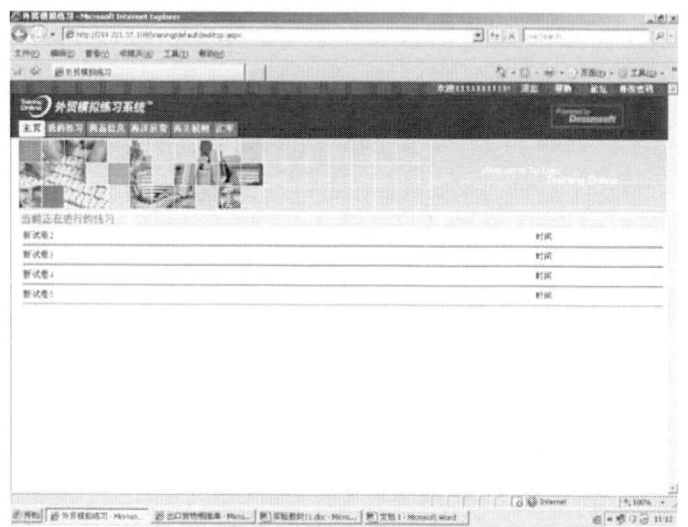

圖1.1 練習系統主界面

2. 信函示例

世嘉貿易公司（Shijia Trading Corp.）6月2日收到洛杉磯客戶來函及寄來的5個花色的中國絲綢手絹樣品，詢問能否按來樣供應。在與廠家聯絡後，世嘉公司按照客戶要求郵寄了回樣，並在發盤中說明第1至4號花色是CIF洛杉磯價每打25美元，第5號花色是CIF洛杉磯每打30美元，收到信用證後一個月內交貨。如付現金，可減價3%。此發盤適用於起訂量每種花色300打，本月底前有效。

根據上述內容擬一份發盤。示例如下：

Dear Sirs,

　　With reference to your letter of June 2nd, enquiring the possibility of supplying Chinese Silk Handkerchiefs, we immediately contact with our manufacturers and, in response to your request, are sending you by separate post our counter samples which, we are sure, almost exactly match your samples.

　　Design No. 1 to No. 4: US ＄ 25 per dozen CIF Los Angeles.

　　Design No. 5: US ＄ 30 per dozen CIF Los Angeles.

　　Shipment can be made within one month from receipt of your Letter of Credit. For payment in cash, we are prepared to reduce the price by 3%.

The above offer is for the amount of not less than 300 dozen per design and available up to the end of this month. We look forward to receiving your order at an earlier date.

Yours truly,
Shijia Trading Corp.

1.5.2 訂立出口合同

1. 步驟

登錄練習系統→查看我的練習→選擇習題→進入答題→完成實驗報告。見圖1.2。

圖1.2 制出口合同練習界面

2. 注意事項

(1) 賣方（Seller）

此欄填寫賣方的全稱、詳細地址、電話、傳真。在實際業務中，有時此欄內容已由公司印製好，但如果公司資料已更改，則需要改為新資料並加蓋校對章，或重新印製合同。

(2) 買方（Buyer）

填寫買方名稱、地址、電傳、傳真資料。

(3) 總值（Total Value）

列明幣別及各項商品累計金額之和。它是發票及信用證金額的依據。

例：TOTAL VALUE（總值）—SAY U. S. DOLLARS FORTY FOUR THOUSAND THREE HUNDRED AND FIFTY NINE CENTS FOURTY ONLY.

(4) 包裝（Packing）

此欄填寫包裝的種類、材料、包裝及其費用由誰負擔。如無特別聲明則由賣方

負擔。

例：PACKING（包裝）—07004 IN CARTONS OF 2 SETS EACH AND 07001, 07009 TO BE PACKED IN CARTONS OF 1 SET EACH ONLY.（07004 每兩件裝一紙箱，07001 和 07009 為每一件裝一紙箱。）

如無包裝可填寫 NAKED 或 IN BULK（裸裝或散裝）。

（5）嘜頭（Shipping Marks）

如為裸裝貨或中性包裝，則填寫「N/M」（無標誌）。一般用賣方的嘜頭，個別情況由賣方結合買方的要求設計，或由買方自定。

例：The detailed instructions about the shipping marks shall be sent in a definite form and reach the Sellers 30 days before the time of shipment aforesaid. Otherwise it will be at the Seller's option.

買方在合同裝運期前 30 日內將嘜頭的詳細說明的明確形式通知買方，否則由賣方自己解決。

（6）裝運期及運輸方式（Time of Shipment & Means of Transportation）

裝運期可有多種規定方法，可以規定具體時段。例如：4 月份或 3 月底前；另外也可以用 L/C 或 S/C 等為參照物規定相應時間，如信用證開出后或到達賣方后 30 天。

注意如按後者的規定方式，則需相應規定信用證開出或到達的具體日期，同時應注意 L/C 的有效期與裝運期的關係，防止「雙到期」的發生，不能安全收匯。

運輸方式寫海運、空運、郵寄等。

例：TIME OF SHIPMENT & MEANS OF TRANSPORTATION（裝運期及運輸方式）—TO BE EFFECTED BEFORE THE END OF APRIL 2003 WITH PARTIAL SHIPMENT ALLOWED AND TRANSHIPMENT ALLOWED（裝運應在 2003 年 4 月底前完成，且允許分裝和轉運。）

（7）裝運港及目的地（Port of Loading & Destination）

此處列明裝運港和目的港（From... to...）

對於 FOB 合同，裝運港為合同要件，所以要特別列明裝運港。如：From DaLian, China to Rottadam.

對於 CIF 合同，目的港為合同要件，所以要特別列明目的港。如：From any Chinese port to OSAKA, JAPAN.

即使在非為合同要件的情況下，對於「one of main ports of European」「Chinese ports」之類的語句，在賣方開立信用證之時一般都要最後訂明。

如需轉船，則列明中轉地。如：From Dalian, China to New York, U. S. A. Via Hongkong.

（8）保險（Insurance）

如使用 FOB 價格術語成交，則選擇 TO BE EFFECTED BY THE BUYERS.

如為 CIF 合同，一般規定：

① 如未特殊要求，由賣方根據中國人民保險公司條款按照發票總值 110% 投保最低險別 F. P. A.；另外，根據國際商會規定，一般需按行業慣例替買方把險保足。

② 如買方欲增加其他險別，須於裝船前徵得賣方同意，所增加的保險費由買方負擔。

③ 如為長期客戶，則買賣雙方協商按行業慣例加保險別，並確定保險費由哪一方負擔。

例：To be covered by the Sellers for 100% of Invoice Value against All Risks and War Risks as per the People's Insurance Company of China. If other coverage is required, the Buyers must have the consent of the Sellers before shipment and the additional premium is to be borne by the Buyers.

(9) 付款方式（Terms of Payment）

本欄註明付款條件。

例：The Buyers shall open with a bank acceptable an irrevocable, sight Letter of Credit to reach the Seller 30 days before the month of shipment, valid for negotiation in China until 15th days after the month of shipment.

在裝運單據簽發日 21 天內議付方有效。買方應於裝運月份前 30 天，向賣方可接受的銀行申請開具以賣方為受益人的不可撤銷的即期信用證。至裝運月份後第 15 天在中國議付有效。

在當今的國際貿易中一般用信用證付款方式，此時需注意信用證的效期與裝運期的關係，以保證安全收匯。

裝運期應與信用證到期日（效期）有一段合理時間。不能太短，甚至「雙到期」，致使裝運單據取得後沒有足夠時間進行議付。也不能太長，否則占壓買方資金，會在貨價上表現出來。

1.6 實驗思考題

1. 進出口貿易中合同價格的擬定以什麼為客觀標準？
2. 進出口預算涉及哪些因素？
3. 交易磋商包含哪幾個環節，有哪些注意事項？

實驗項目二　信用證開立及審核

2.1 實驗目的

讓學生熟悉信用證各項條款，掌握催開信用證、審核並修改信用證的技巧。

2.2 實驗使用的儀器設備（軟件）

南京世格外貿練習系統（Training）。

2.3 實驗要求

1. 回顧相關理論，瞭解國際貿易中支付方式的種類及特點，明確信用證支付的一般流程，熟悉信用證的各項條款。

2. 通過案例題目的動手操作，掌握信用證各項條款的相關內容，並能依據合同進行審證和改證。

3. 完成實驗報告，記錄重點步驟。

2.4 實驗理論基礎

2.4.1 常用的支付工具和支付方式

在進出口貿易中，選取合適、恰當的支付方式才能安全、迅速地收回貨款。然而，在進出口貿易中，貨款的收付還不只是支付方式的選擇問題，還包括支付工具的選擇，各種支付方式的結合使用等內容，這些共同構成了支付條件，關係到買賣雙方的利益，因此應當在合同中加以明確。

一、支付工具

在進出口貿易中，有貨幣和金融票據兩種支付工具。但是，在實際操作中，採用現金結算非常不方便，而且風險大、週轉慢，所以國際貨款的收付一般都是使用信用工具或支付憑證來結算國際的債權債務，即採用非現金結算的票據方式。金融票據主要包括匯票、本票和支票。在進出口貿易中，匯票的使用最為廣泛。

1. 匯票

（1）匯票的含義

根據1995年5月10日公布的《中華人民共和國票據法》第十九條規定：匯票（Bill of Exchange）是出票人簽發的、委託付款人在見票時或在指定日期無條件支付確定的金額給收款人或持票人的票據。匯票有3個當事人，即出票人（Drawer）、受票人（Drawee）或付款人（Payer）和收款人（Payee）。

（2）匯票的基本內容

各國票據法對匯票內容的規定不同，一般認為應包括下列基本內容：

①註明「匯票」字樣；　②無條件的支付命令；
③匯票金額；　　　　　④出票日期和地點；
⑤收款人姓名和商號；　⑥付款地點；
⑦付款期限；　　　　　⑧付款人姓名和商號；
⑨出票人簽字。

（3）匯票的種類

①按出票人（Drawer）的不同，匯票可分為銀行匯票（Banking Bill）和商業匯票（Commercial Bill）。出票人為銀行，即為銀行匯票；出票人為工商企業或個人，即為商業匯票。

②按有無附商業單據，可分為光票（Clean Bill）和跟單匯票（Documentary Bill）。匯票在使用過程中，如不附商業單據，即為光票；如附有商業單據，即為跟單匯票。

③按付款時間的不同，可分為即期匯票（Sight Draft）和遠期匯票（Time Bill or Usance Bill）。如果付款人見到匯票后立即付款，就稱為即期匯票；如果付款人見到匯票后在一定期限或者特定日期付款，則是遠期匯票。

遠期匯票的付款時間一般有以下四種規定方式：

A. 見（匯）票后××天付款。(At ×× Days After Sight.)
B. 出（匯）票后××天付款。(At ×× Days After Date of Issue.)
C. 提單日期后××天付款。(At ×× Days After Date of b/l.)
D. 指定日期。(Fixed Date.)

要注意上述 A~C 種情況下付款時間的不同，假如期限都為 60 天，那麼，C 最早，B 其次，A 最遲。因為在通常情況下，提單日期最早，匯票日期不得早於提單日期，而見票日期是在國外收到匯票時的日期，從出票日期到見票需要一個郵程。

值得注意的是，一張匯票往往可以同時具備幾種性質。例如一張商業匯票，同時又可以是即期的跟單匯票。

(4) 匯票的使用程序

①出票（Issue）

出票是指出票人在匯票上填寫付款人、付款金額、付款日期和地點及收款人等項目，經簽字交付給收款人的行為。在出票時，對收款人（即匯票抬頭）通常有三種寫法：

限制性抬頭（Non-Negotiable），如 Pay to xxx Co. only，限定了匯票的收款人，該匯票在市場上不能轉讓和流通。

指示性抬頭（Endorsable），如 Pay to order 或 Pay to the order of xx Co or xxx bank.，該匯票通過持票人在背面簽字（背書），即可轉讓給他人。在服裝貿易結算中比較常用。

持票人或來人抬頭（Marketable），如 Pay to the bearer. 該匯票無須持票人背書就可以轉讓給他人。

②提示（Presentation）

提示是指持票人將匯票提交付款人要求承兌或付款的行為。付款人見到匯票叫見票（Sight）。提示可以分付款提示和承兌提示。如果是即期匯票，付款人應做出付款提示；如是遠期匯票，先做出承兌提示，到期時再付款。

③承兌（Acceptance）

付款人對遠期匯票表示承擔到期付款責任的行為。即期匯票不需要該程序。

④付款（Payment）

受票人（付款人）對即期匯票在見票后立即履行支付責任或對已經承兌的匯票在到期時履行支付責任的行為。

⑤背書（Endorsement）

含義：背書是轉讓匯票權利的一種法定手續，是指由匯票持有人在匯票的背面簽上自己的名字或再加上受讓人的名字，並把匯票交給受讓人的行為。

貼現：在國際市場上，一張遠期匯票的持有人如想在付款人付款前取得票款，可

以經過背書將匯票轉讓給貼現的銀行或金融公司，由它們將扣除一定貼現利息後的票款付給持有人，這就叫貼現（Discount）。

⑥拒付（Dishonor）

拒付，也稱退票，是指持票人提示匯票要求承兌時，遭受拒絕承兌（Dishonor by No-acceptance）或持票人提示匯票要求付款時，遭到拒絕付款（Dishonor by Non-payment）。除了拒絕承兌和拒絕付款外，付款人拒而不見、死亡或宣告破產，以致付款事實上已不可能時，也稱拒付。

⑦追索（Recource）

當持票人遭到拒付就可向出票人或匯票背書人行使追索權。匯票的善意持有人有權向所有「前手」追索，一直可追索到出票人。

2. 本票

（1）本票的定義

本票（Promissory Note）是指由一人向另一人簽發的約定在見票時或在指定的或可以確定的將來時間向特定的人或其指定的人或持票人無條件支付一定金額的書面承諾。

（2）本票的必要項目

①註明「本票」字樣。

②無條件的支付承諾。

③確定的金額。

④收款人姓名和商號。

⑤出票日期。

⑥出票人簽字。

（3）本票的種類

按出票人的不同，本票可分為商業本票（Commercial Note）和銀行本票（Banking Note）。企業和個人簽發的本票為商業本票；銀行簽發的本票為銀行本票。商業本票按付款日期不同分為定日付款本票、簽票日后定期付款本票、見票后定期付款本票和見票即付本票。銀行本票則都是即期的。銀行本票，因是銀行信用，較為常用。

（4）本票與匯票的區別

①本票是無條件支付承諾，匯票是無條件支付命令。

②本票票面有兩個當事人：出票人和收款人，本票的出票人即是付款人。匯票票面有三個當事人：出票人、付款人和收款人。

③本票在任何情況下，出票人是主要債務人，匯票承兌前，出票人是主要債務人，在承兌后，承兌人是主要債務人。

④本票只能開出一張，匯票可以開出一式兩份或一套幾張。

⑤英國《票據法》規定：外國本票退票時，不需做成拒絕證書，外國匯票退票時必須做成拒絕證書。

3. 支票

（1）支票的定義

支票（Check or Cheque）是銀行存款戶對銀行簽發的要求銀行對特定的人或其指

定人或持票人在見票時無條件支付一定金額的書面命令。簽發支票是以存款者在銀行存款帳戶上有足夠數額存款或事先同銀行洽訂有一定的透支額度作為前提條件的。實際上，支票是以銀行為付款人的即期匯票。

（2）支票的必要項目

①註明「支票」字樣。

②無條件的支付委託。

③確定的金額。

④付款人姓名和商號。

⑤出票日期。

⑥出票人簽字。

（3）支票的種類

按照我國《票據法》，支票可分為現金支票和轉帳支票，現金支票可以向銀行提取現金，轉帳支票通過銀行將票款收入帳戶。

（4）支票與匯票的區別

①支票是存款人對銀行簽發的無條件支付命令，出票人與付款人（銀行）必先有資金關係。匯票是出票人對付款人簽發的無條件支付命令，出票人與付款人不必先有資金關係。

②支票的付款人必須是銀行，匯票的付款人可以是個人、企業，也可以是銀行。

③支票的用途是結算，匯票的用途可以是結算，也可以是融資。

④支票是即期付款，流通期極短，不需要承兌手續。匯票有即期付款也有遠期付款，遠期付款必須辦理承兌，流通期限也較長。

⑤英國《票據法》規定，支票出票人可以止付，匯票無止付。

二、支付方式

常見的支付方式包括匯付、托收和信用證。

匯付又稱匯款，是最簡單的國際貨款結算方式。採用匯付方式結算貨款時，賣方將貨物發運給買方后，有關貨運單據由賣方自行寄送買方；而買方則通過銀行將貨款匯交給賣方。這對銀行來說，只涉及一筆匯款業務，並不處理單據，屬於商業信用，採用順匯法。

匯付業務涉及的當事人有四個：付款人（匯款人，Remmitter）、收款人（Payee或Beneficiary）、匯出行（Remitting Bank）和匯入行（Paying Bank）。其中付款人（通常為進口人）與匯出行（委託匯出匯款的銀行）之間訂有合約關係，匯出行與匯入行（匯出行的代理行）之間訂有代理合約。在辦理匯付業務時，需要由匯款人向匯出行填交匯款申請書，匯出行有義務根據匯款申請書的指示向匯入行發出付款書；匯入行收到會計委託書后，有義務向收款人（通常為出口人）解付貨款。但匯出行和匯入行對不屬於自身過失造成的損失（如付款委託書在郵遞途中遺失或延誤等致使收款人無法或延期收到貨款）不承擔責任，而且匯出行對匯入行工作上的過失也不承擔責任。

匯付的缺點是風險大，資金負擔不平衡。因為以匯付方式結算，可以是貨到付款，也可以是預付貨款。如果是貨到付款，賣方向買方提供信用並融通資金。而預付貨款

則買方向賣方提供信用並融通資金。在分期付款和延期付款的交易中，買方往往用匯付方式支付貨款，但通常需輔以銀行保函或備用信用證，所以又不是單純的匯付方式。

托收是指出口人在貨物裝運後，開具以進口方為付款人的匯票（隨附或不隨附貨運單據），委託出口地銀行通過它在進口地的分行或代理行代進口人收取貨款的一種結算方式。其屬於商業信用，採用的是逆匯法。

托收方式的當事人有委託人、托收行、代收行和付款人。委託人（Principal），即開出匯票委託銀行向國外付款人代收貨款的人，也稱為出票人（Drawer），通常為出口人；托收行（Remitting Bank），即接受出口人的委託代為收款的出口地銀行；代收行（Collecting Bank），即接受託收行的委託代付款人收取貨款的進口地銀行；付款人（Payer 或 Drawee），匯票上的付款人即托收的付款人，通常為進口人。

上述當事人中，委託人與托收行之間、托收行與代收行之間都是委託代理關係，付款人與代收行之間則不存在任何法律關係，付款人是根據買賣合同付款的。所以，委託人能否收到貨款，完全視進口人的信譽好壞，代收行與托收行均不承擔責任。

在辦理托收業務時，委託人要向托收行遞交一份托收委託書，在該委託書中註明各種指示，托收行以至代收行均按照委託的指示向付款人代收貨款。

信用證（Letter of Credit, L/C）支付方式是隨著國際貿易的發展，在銀行與金融機構參與國際貿易結算的過程中逐步形成的。信用證支付方式把由進口人履行付款責任轉為由銀行付款。因此，在一定程度上解決了進出口人之間互不信任的矛盾，同時，也為進出口雙方提供了資金融通的便利。所以，信用證付款已成為國際貿易中普遍採用的一種支付方式。

2.4.2　信用證

一、信用證的含義

根據國際商會《跟單信用證統一慣例》的解釋，信用證是指由銀行（開證行）依照客戶（申請人）的要求和指示或自己主動，在符合信用證條款的條件下，憑規定出據單據：

1. 向第三者、（受益人）或其指定的人進行付款，或承兌和（或）支付受益人開立的匯票。

2. 授權另一銀行進行該項付款，或承兌和支付匯票。

3. 授權另一銀行議付。

簡言之，信用證是一種銀行開立的有條件的承諾付款的書面文件。

有關信用證的國際貿易慣例是由國際商會制定並修訂的《跟單信用證統一慣例》，即國際商會第 500 號出版物，簡稱《UCP 500》。

二、信用證的當事人

信用證所涉及的當事人主要有：開證申請人、開證銀行、通知銀行、受益人、議付行和付款行等。

採用信用證方式結算貨款，從進口人向銀行申請開出信用證，一直到開證行付款後又向進口人收回墊款，其中經過多道環節，並須辦理各種手續。加上信用證的種類

不同，信用證條款有著不同的規定，這些環節和手續也各不相同。

三、信用證支付方式的特點

信用證支付方式有以下三個特點：

1. 信用證是一種銀行信用。信用證支付方式是一種銀行信用，由開證行以自己的信用做出付款的保證。在信用證付款的條件下，銀行處於第一付款人的地位。《UCP 500》規定，信用證是一項約定，按此約定，根據規定的單據在符合信用證條件的情況下，開證銀行向受益人或其指定人進行付款、承兌或議付。信用證開出便構成開證行的確定承諾。可見，信用證開出后，開證銀行是首先付款人，開證銀行對受益人的責任是一種獨立的責任。

2. 信用證是一種自足的文件。信用證的開立是以買賣合同作為依據，但信用證一經開出，就成為獨立於買賣合同以外的另一種契約，不受買賣合同的約束。《UCP 500》規定，信用證與其可能依據的買賣合同或其他合同是相互獨立的交易。即使信用證中提及該合同，銀行也與該合同無關，且不受其約束。所以，信用證是獨立於有關合同以外的契約，是一種自足的文件。

3. 信用證是一種單據的買賣。在信用證支付方式之下，實行的是憑單付款的原則。《UCP 500》規定：「在信用證業務中，各有關方面處理的是單據，而不是與單據有關的貨物、服務及域其他行為。」所以，信用證業務是一種純粹的單據業務。在信用證業務中，只要受益人提交的單據符合信用證規定，開證行就應承擔付款責任。反之，單據與信用證規定不符，銀行有權拒絕付款。但應指出，按《UCP 500》規定，銀行雖有義務合理小心地審核一切單據，但這種審核，只是用以確定單據表面上是否符合信用證條款，開證銀行只根據表面上符合信用證條款的單據付款。所以在信用證條件下，要實行所謂嚴格符合的原則。嚴格符合的原則不僅要做到單證一致，即受益人提交的單據表面上與信用證規定的條款一致；還要做到單單一致，即受益人提交的各種單據之間表面上也要一致。

4. 信用證支付方式的作用

採用信用證支付方式，對出口商來說，可以保證出口商憑單取得貨款，並可以取得資金融通；對進口商來說，可以保證按時、按質、按量收到貨物，並可提供資金融通。對銀行來說也有一定的好處，如收取各種手續費以及利用資金的便利。

四、信用證的主要內容

信用證雖然沒有統一的格式，但其基本項目是相同的。主要包括以下幾方面：

1. 對信用證本身的說明。如信用證的種類、性質及其有效期和到期地點、交單期限等。

2. 對貨物的要求。包括貨物的名稱、品種、規格、數量、包裝、金額、價格等。

3. 對運輸的要求。如裝運的最遲期限、起運地和目的地、運輸方式、可否分批裝運和轉運等。

4. 對單據的要求。單據主要可分為三類：①貨物單據（以發票為中心，包括裝箱單、重量單、產地證、商檢證明書等；②運輸單據（如提單，這是代表貨物所有權的憑證）；③保險單據（保險單）。除上述三類單據外，還有可能提出其他單證，如寄樣

證明、裝船通知電報副本等。

5. 特殊要求。根據進口國政治經濟貿易情況的變化或每一筆具體業務的需要，可以做出不同規定。如：要求通知行加保兌；限制由某銀行議付；要求具備規定條件信用證方始生效等。

6. 開證行對受益人及匯票持有人保證付款的責任條款，根據國際商會《跟單信用證統一慣例》開立的文句，開證行簽字和密押等。

五、信用證的種類

信用證可根據其性質、期限、流通方式等特點，分為以下幾種：

(一) 跟單信用證和光票信用證

以信用證項下的匯票是否附有貨運單據劃分，信用證可分為跟單信用證和光票信用證。

1. 跟單信用證 (Documentary L/C)

跟單信用證是開證行憑跟單匯票或僅憑單據付款的信用證。單據是指代表貨物或證明貨物已交運的單據。前者指提單，后者指鐵路運單、航空運單、郵包收據等。國際貿易所使用的信用證大部分是跟單信用證。

2. 光票信用證 (Clean L/C)

光票信用證是指開證行憑不附單據的匯票付款的信用證。有的信用證要求匯票附有非貨運單據，如發票、墊款清單等，也屬光票信用證。在採用信用證方式預付貨款時，通常使用光票信用證。

(二) 不可撤銷信用證和可撤銷信用證

以開證行所負的責任為標準，信用證可以分為不可撤銷信用證和可撤銷信用證。

1. 不可撤銷信用證 (Irrevocable L/c)

不可撤銷信用證是指信用證一經開出，在有效期內，未經受益人及有關當事人的同意，開證行不得片面修改和撤銷，只要受益人提交的單據符合信用證規定，開證行必須履行付款義務。這種信用證對受益人較有保障，在國際貿易中，使用最為廣泛。凡是不可撤銷信用證，在信用證中應註明「不可撤銷」(Irrevocable) 字樣，並載有開證行保證付款的文句。

2. 可撤銷信用證 (Revocable L/C)

可撤銷信用證是指開證行對所開信用證不必徵得受益人或有關當事人的同意有權隨時撤銷或修改的信用證。凡是可撤銷信用證，應在信用證上註明「可撤銷」(Revocable) 字樣，以資識別。這種信用證對出口人極為不利，因此出口人一般不接受這種信用證。需要指出的是，開證銀行撤銷或修改可撤銷信用證的權利，並非漫無限制。按《UCP 500》規定，只要受益人依信用證條款規定已得到了議付、承兌或延期付款保證，該信用證便不能被撤銷或修改。也就是說，只要可撤銷信用證已先被受益人利用，則開證銀行撤銷或修改通知便不發生效力。鑒於國際上開立的信用證，絕大部分都是不可撤銷的，因此，《UCP 500》中規定，如信用證中未註明「不可撤銷」或「可撤銷」的字樣，應視為不可撤銷信用證。

（三）保兌信用證和不保兌信用證

按有沒有另一銀行加以保證兌付，信用證可分為保兌的和不保兌的信用證。

1. 保兌信用證（Confirmed L/C）

保兌信用證是指開證行開出的信用證，由另一銀行保證對符合信用證條款規定的單據履行付款義務。對信用證加保兌的銀行，叫作保兌行（Confirming Bank）。

按《UCP 500》規定，信用證一經保兌，即構成保兌行在開證行以外的一項確定承諾。保兌行與開證行一樣承擔付款責任，保兌行是以獨立的「本人」（Principal）身分對受益人獨立負責，並對受益人負首先付款責任。保兌行付款后對受益人或其他前手無追索權。

信用證的「不可撤銷」是指開證行對信用證的付款責任。「保兌」則是指開證行以外的銀行對信用證的付款責任。不可撤銷的保兌的信用證，則意味著該信用證不但有開證行不可撤銷的付款保證，而且還有保兌行的兌付保證。兩者的付款人都是負第一性的付款責任。所以，這種有雙重保證的信用證對出口商最為有利。

2. 不保兌信用證（Unconfirmld L/C）

不保兌信用證是指開證銀行開出的信用證沒有經另一家銀行保兌。當開證銀行資信較好或成交金額不大時，一般都使用這種不保兌的信用證。

（四）即期付款信用證、延期付款信用證、承兌信用證和議付信用證

按付款方式的不同，信用證可分為即期付款信用證、延期付款信用證、承兌信用證和議付信用證。

1. 即期付款信用證（Sight Payment L/C）

即期付款信用證是指採用即期兌現方式的信用證，證中通常註明「付款兌現」（Available by Payment）字樣。即期付款信用證的付款行可以是開證行，也可以是出口地的通知行或指定的第三國銀行。付款行廣經付款，對受益人均無追索權。以出口地銀行為付款人的即期付款信用證的交單到期地點在出口地，便於受益人交單取款，可以及時取得資金。所以，這種信用證對受益人最為有利。而付款行為開證行本身或第三國銀行，交單到期地點通常規定在付款行所在地，受益人要承擔單據在郵寄過程中遺失或延誤的風險。

2. 延期付款信用證（Deferred Payment L/C）

延期付款信用證是指開證行在信用證中規定貨物裝船后若干天付款，或開證行收單后若干天付款的信用證。延期付款信用證不要求出口商開立匯票，所以出口商不能利用貼現市場資金，只能自行墊款或向銀行借款。

3. 承兌信用證（Acceptance L/C）

承兌信用證是指付款行在收到符合信用證規定的遠期匯票和單據時，先在匯票上履行承兌手續，等匯票到期日再行付款的信用證。按《UCP 500》規定，開立信用證時不應以申請人作為匯票的付款人。承兌信用證的匯票付款人可以是開證行或其他指定的銀行，不論由誰承兌，開證行均負責該出口方匯票的承兌及到期付款。由於承兌信用證是以開證行或其他銀行為匯票付款人，故這種信用證又稱為銀行承兌信用證（Banker'Acceptance L/C）。

4. 議付信用證（Negotiation L/C）

議付信用證是指開證行允許受益人向某一指定銀行或任何銀行交單議付的信用證。議付是指由議付行對匯票和（或）單據付出對價。只審單據而不支付對價，不能構成議付。議付信用證又可分為公開議付信用證和限制議付信用證。

（1）公開議付信用證（Opn Negotiation L/C）又稱自由議付信用證（Freely Negotiation L/C），是指開證行對願意辦理議付的任何銀行做公開議付邀請和普遍付款承諾的信用證，即指任何銀行均可按信用證條款自由議付的信用證。

（2）限制議付信用證（Restricted Negotiation L/C）是指開證銀行指定某一銀行或開證行本身自己進行議付的信用證。

公開議付信用證和限制議付信用證的到期地點都在議付行所在地。這種信用證經議付后，如因故不能向開證行索得票款，議付行有權對受益人行使追索權。

（五）即期信用證和遠期信用證

根據付款時間的不同，信用證可分為即期信用證、遠期信用證和假遠期信用證。

1. 即期信用證（Sight L/C）

即期信用證是指開證行或付款行收到符合信用證條款的跟單匯票或裝運單據后，立即履行付款義務的信用證。這種信用證的特點是出口人收匯迅速、安全，有利於資金週轉。

在即期信用證中，有時還加列電匯索償條款（T/T Reim-bursement Clause）。這是指開證行允許議付行用電報或電傳等方式通知開證行或指定付款行，說明各種單據與信用證要求相符，開證行或指定付款行應立即用電匯將貨款撥交議付行。因此，帶有電匯索償條款的信用證，出口方可以加快收回貨款。付款后如發現單據與信用證規定不符，開證行或付款行有行使追索的權利。這是因為此項付款是在未審單的情況下進行的。

2. 遠期信用證（Usance L/C）

遠期信用證是指開證行或付款行收到信用證的單據時，在規定期限內履行付款義務的信用證。遠期信用證主要包括承兌信用證（Acceptance L/C）和延期付款信用證（Deferred Payment L/C）。

3. 假遠期信用證（Usance L/c Payable at sight）

假遠期信用證的特點是，信用證規定受益人開立遠期匯票，由付款行負責貼現，並規定一切利息和費用由進口人負擔。這種信用證表面上看是遠期信用證，但從上述條款規定來看，出口人卻可以即期收到十足的貨款，因而習慣上稱為「假遠期信用證」。這種假遠期信用證對出口人而言，實際上仍屬即期收款，但對進口人來說，要承擔承兌費和貼現費。因此人們把這種信用證又稱為買方遠期信用證（Buyer's Uscance L/C）。

進口商開立假遠期信用證可以套用付款行的資金，並可擺脫某些進口國家外匯管制法令上的限制。

假遠期信用證與遠期信用證的區別，主要有以下幾點：

（1）開證基礎不同。假遠期信用證以即期付款的貿易合同為基礎，而遠期信用證

以遠期付款的貿易合同為基礎。

（2）信用證的條款不同。假遠期信用證中有「假遠期」條款，而遠期信用證中只有利息由誰負擔條款。

（3）利息的負擔者不同。假遠期信用證的貼現利息由進口商負擔，而遠期信用證的貼現利息由出口商負擔。

（4）收匯時間不同。假遠期信用證的受益人能即期收匯，而遠期信用證要等匯票到期才能收匯。

（六）可轉讓信用證和不可轉讓信用徵

根據受益人對信用證的權利可否轉讓，分為可轉讓信用證和不可轉讓信用證。

1. 可轉讓信用證（Transferable Credit）

可轉讓信用證是指信用證的受益人（第一受益人）可以要求授權轉讓的銀行將信用證全部或部分轉讓給一個或數個受益人（第二受益人）使用的信用證。

根據《UCP 500》的規定，只有註明「可轉讓」（Transferable）字樣，信用證方可轉讓。可轉讓信用證只能轉讓一次，信用證允許分批裝運/支款，在總和不超過信用證金額的前提下，可分別按若干部分辦理轉讓，即可轉讓給幾個第二受益人。信用證只能按原證規定條款轉讓，但信用證金額、單價、到期日、交單日及最遲裝運日期可以減少或縮短，保險加保比例可以增加，信用證申請人可以變動。信用證在轉讓後，第一受益人有權以自身的發票和匯票替換第二受益人的發票和匯票，其金額不得超過信用證規定的原金額。在替換發票和匯票時，第一受益人可在信用證項下取得自身發票和第二受益人發票之間的差額。另外，信用證的轉讓並不等於合同的轉讓，如第二受益人不能按時履行義務，第一受益人仍要對合同的履行負責。在實際業務中，要求開立可轉讓信用證的第一受益人，通常是中間商，為了賺取差額利潤，中間商可將信用證轉讓給實際供貨人，由供貨人辦理出運手續。

2. 不可轉讓信用證（Non-transferable Credit）

不可轉讓信用證是指受益人不能將信用證的權利轉讓給他人的信用證。凡信用證中未註明「可轉讓」（Transferable）者，就是不可轉讓信用證。

（七）循環信用證（Revolving Credit）

循環信用證是指信用證被全部或部分使用後，其金額又恢復到原金額，可再次使用，直至達到規定的次數或規定的總金額為止。

循環信用證又分為按時間循環信用證和按金額循環信用證。

1. 按時間循環的信用證是受益人在一定的時間內可多次支取信用證規定的金額。

2. 按金額循環的信用證是信用證金額議付後，仍恢復到原金額可再次使用，直至用完規定的總額為止。具體做法有三種：

（1）自動式循環信用證。即每期用完一定金額，不需要等待開證行的通知，即可自動恢復到原金額。

（2）非自動循環信用證。即每期用完一定金額后，必須開證行通知到達，信用證才恢復到原金額繼續使用。

（3）半自動循環信用證。即每次支款后若干天內，開證行未提出停止循環使用的

通知，自第×天起即可自動恢復至原金額。

循環信用證與一般信用證的不同之處就在於：一般信用證使用后即告失效，而循環信用證則可多次循環使用。

循環信用證的優點在於：進口方可以不必多次開證從而節約開證費用，同時也可簡化出口方的審證、改證等手續，有利於合同的履行。所以，循環信用證一般在分批均勻交貨的情況下採用。

（八）對開信用證（Reciprocal Credit）

對開信用證是指兩張信用證的開證申請人互以對方為受益人而開立的信用證。對開信用證的特點是第一張信用證的受益人（出口人）和開證申請人（進口人）就是第二張信用證的開證申請人和受益人，第一張信用證的通知行通常就是第二張信用證的開證行。兩張信用證的金額相等或大體相等，兩證可同時互開，也可先後開立。對開信用證多用於對銷貿易或加工貿易。

（九）對背信用證（Back to Back Credit）

對背信用證又稱轉開信用證，是指受益人要求原證的通知行或其他銀行以原證為基礎，另開一張內容相似的新信用證。對背信用證的受益人可以是國外的，也可以是國內的，對背信用證的開證銀行只能根據不可撤銷信用證來開立。對背信用證的開立通常是中間商轉售他人貨物，從中圖利，或兩國不能直接辦理進出口貿易時，通過第三者以此種方法來溝通貿易。

總之，信用證的種類繁多，交易雙方應根據交易具體情況合理選擇，並在合同中做出明確的規定。

信用證的開證形式主要有信開和電開兩種。信開是指開證行採用印刷的信函格式開立信用證正本一份和副本若干份，航空郵寄給通知行。這種形式現在已經很少使用。電開是指開證行將信用證內容加密押后，通過電報、電傳、傳真等電信工具將信用證傳達給通知行。電開包括簡電、全電和 SWIFT 信用證。其中，SWIFT 信用證是採用 SWIFT 系統開出的信用證。採用 SWIFT 信用證，必須遵守《SWIFT 使用手冊》的規定，而且信用證必須遵照國際商會制定的《UCP600》的規定。這種信用證具有標準化和格式化的特點，而且傳送速度快、成本低，現已被西北歐、美洲和亞洲等國家和地區的銀行廣泛使用。我國銀行的電開信用證或收到的信用證電開本中，SWIFT 信用證占了很大比例。

2.4.3 信用證審證要點

信用證是一種銀行開立的有條件的承諾付款的書面文件。買方開立的信用證是以成交合同為基礎和前提的。然而，信用證又是獨立於成交合同的，因此，首先要瞭解和熟悉有關合同的各項內容，才能夠迅速、準確地將證審好，並在最短的時間內發現證中的錯誤，及時通知開證人修改。信用證的條款繁多，各證又不盡相同，我們審證就可以採取「提綱挈領」的方法，針對要點進行審核和判斷，不使信用證的內容有所遺漏。

將信用證所有的條款歸納起來，一般有下面幾項內容：

1. 信用證性質及有效性

按照開證程序來看，有開證人、開證行、通知行、受益人，這是與本證有關係的四個方面，還有信用證的性質和編號。這裡所說的「性質」是針對是否為「跟單」信用證和是否為「不可撤銷」的信用證這兩點而言的。

信用證存在暫不生效或變相可撤銷條款問題。表現在要憑開證申請人確認樣品后信用證才能生效或要等開證申請人得到進口許可證后再通知生效。此條款對見證投產帶來的困難一是裝期緊；二是尚未生效，生產難安排，出運有困難。

信用證效期的國外到期問題。一是轉讓信用證基本都規定國外到期；二是不少開證行規定自己是議付行，只考慮其自身安全，對受益人造成風險和不便。

轉讓信用證雖投保出口信用險，但有些條款最終出現不符，使信用險失去保障作用。

背對背信用證引用轉讓信用證的免責條款，表明是形式上的背對背信用證，實質上的轉讓信用證。

信用證規定，單據議付需憑開證行另行通知，方可議付。這表明信用證尚未生效。

信用證條款多處自相矛盾，難以操作。這表明信用證無法正常執行，必須立即修正。

備用信用徵規定開證行付款必須提供開證申請人的檢貨合格證書的回折，否則不予付款。該條款完全違背《UCP500》和《ISD98》關於備用信用證開證行對受益人承擔無條件付款的義務。如果開證申請人提貨后，始終不提供檢貨回執，受益人就無法得到款項。

部分信用證由於電匯部分的款項不到位，貨物裝船出運，容易被客戶僅支付信用證項下款項就取得單據，提走整個款項的貨物。

信用證轉讓達「四次」，最后變成應得款項轉讓書（Assignment of Proceeds 或 Assignment of Claims）。這時境外轉讓信用證的最終受讓人（Assignee）不便於或無法再將轉讓信用證出讓（Transfer）給外貿公司，只得用應得款項轉讓書代替轉讓信用證。外貿公司在轉讓書中的關係人相當於供應商，境外受讓人即轉讓信用證最終受益人變為出口商。外貿公司需獲款項必須滿足兩點要求：①議付單據符合轉讓信用證；②當轉讓信用證第一、第二或最終受益人得到款項后才能部分轉讓給外貿公司。如果議付單據不符合信用證規定或最終受益人未獲得款項，外貿公司也將不獲付款，而且退單也很困難，因為這裡有一個免費放單環節，出具應得款項轉讓書的銀行要求外貿公司同意免費放單給轉讓信用證最終受益人，由他持全套單據在轉讓信用證通知行辦理議付。外貿公司不同意免費放單就無法進入信用證議付程序，因此對外貿公司來說風險很大。

2. 信用證的金額和發貨數量。這二者要一致，要注意幣制和金額是否正確。

3. 信用證的「單據」條款。要審查信用證所要求的單據，是否可以出具，有無錯誤，是否與有關規定相抵觸。需注意以下幾點：

信用證規定議付用非貨權憑證（如：CARGO RECEIPT）或空運單等，貨權難控制。

1/3 或 2/3 或 3/3 提單自寄客戶條款，投保信用險后，因其他條款出現不符構成信

用險失效，只好放棄自寄提單、擔保不符。

FOB價格條款項下的指定貨代或指定國外船公司，造成貨權失去控制。

信用證規定指定貨代出具聯運提單。當一程海運后，二程境外改空運，收貨人有可能不憑正本聯運提單提貨。

提單收貨人、通知人、裝期、目的港憑開證行另行通知，造成出運時非常被動。

信用證規定受益人在貨物裝船后如不及時寄1/3提單，開證申請人將不寄客檢證，使受益人難以議付單據。

信用證規定需提供客檢證。既有一般客檢證的問題，即無附加條件的客檢證；也有特殊客檢證問題，即由開證申請人指定人簽發，且簽字要與銀行留底文件或指定驗貨人的護照或證書上的簽字一致。開證人很容易通過這條提出不符點。

信用證顯示「Insurance policy covering all risks of loss or damages whatsoever causes arising」，此條款要求綜合險或不論什麼原因引起的損失都在賠付範圍，這不符合保險合同條款規定，保險公司不可能出具帶有這樣條款的保單。

4. 信用證項下應發的貨物。要注意合約號、貨名、規格以及包裝等要求。

5. 信用證的運輸條款。包括：裝運期、裝運口岸、到貨口岸以及運輸方式等。

6. 信用證的議付條款。這是指議付方法及開證人對受益人的支付保證條款。這個條款是對銀行方面的業務而言的。

7. 信用證的特殊條款。這是指除上述條款以外，根據每筆業務的不同制定的條款。條款的內容往往比較複雜，審證時應特別注意，尤其要當心軟條款。注意以下幾點：

有客戶利用加工貿易為其推銷來料、來件等。然后在開出信用證時摻和無法與單據相符的軟條款，以信用證不符為由拒付或扣減工繳費或成品款。

信用證規定通關驗貨須先免費放單或無單放貨給開證申請人。

信用證規定受益人遲發貨將被罰款，最高罰款比例是信用證金額的10%，最低也要3%。該條款規定出運的時間是強制性的，延誤就要遭罰款。這種條款要去掉，因為出運不及時的因素很多，有的難以避免。客戶抱怨可以理解，但要符合國際慣例、規範行事，如果不刪除這種條款，一旦接受或忽略，操作不慎未趕上裝期，客戶就能通過開證行扣款處罰。不過也該檢查一下，在供貨環節上是否真的存在問題，不然客戶不會使用如此嚴厲的處罰。

2.5 實驗內容

2.5.1 信用證開立及審核

1. 步驟

登錄練習系統→查看我的練習→選擇習題→進入答題→完成實驗報告。見圖2.1。

圖 2.1　信用證審核練習界面

2. 注意事項

根據題目中所給的參考資料（點擊頁面的查看按鈕），一般將給出合同與信用證，依據合同檢查信用證后填寫信用證審核單。以下為信用證審核單範例：

信用證審核單

審證結果：

1. INSURANCE POLICY COVERING ALL RISKS AND WAR RISKS FOR 120% INVOICE VALUE …

投保加成超出合同規定，120% 應改為 110%。

2. EVIDENCING SHIPMENT OF MUSHROOMS (CHAMPIGNONS)

商品名稱漏寫 CANNED，應改為 EVIDENCING SHIPMENT OF CANNED MUSHROOMS (CHAMPIGNONS)。

3. TO BE SHIPPED FROM SHANGHAI TO HAMBUG WITHIN 15 DAYS AFTER RECEIPT OF THIS CREDIT.

此處有兩處錯誤：

(1) 目的港：HAMBUG 有誤，應改為 HAMBURG。

(2) 15 天交單期與合同規定不符，應為 21 天交單。

4. 此份信用證中未標明「按《UCP500》條款辦理」，應要求對方加上。

2.6　實驗思考題

1. 信用證的主要內容是什麼？
2. 填寫開證申請書的注意事項有哪些？
3. 信用證的審核要點有哪些？

實驗項目三　商業發票及裝箱單的填製

3.1　實驗目的

熟練掌握商業發票和裝箱單的用途、內容和填製技巧。

3.2　實驗使用的儀器設備（軟件）

南京世格外貿練習系統（Training）。

3.3　實驗要求

1. 回顧相關理論，明確商業發票及形式發票的相關用途，並掌握商業發票、裝箱單的單據格式等基本內容。
2. 通過案例題目的動手操作，掌握單據填製方法。
3. 完成實驗報告，記錄重點步驟。

3.4　實驗理論基礎

3.4.1　發票的種類

進出口業務中涉及的發票主要是商業發票。除此之外，在實際工作中，常會碰到要求提供各種不同類型發票的情況，這些發票從性質、作用方面來說，與商業發票有所不同，但往往與商業發票有一定聯繫。

（1）商業發票

商業發票簡稱發票，是出口方對進口方開立的國際貨物買賣合同項下的貨物價目清單及整個交易過程中對出口貨物的總體說明。在國際貨物買賣單證實務中，商業發票是製單過程的核心單據，也是製作和申領其他相關單據的基礎，因此商業發票是應該最早製作的單據，其他單據均要與其在內容上保持一致。

商業發票的主要作用是提供進口商憑以收貨、支付貨款和進出口商報關、報稅、申請其他官方單據等各項業務的依據。發票包含了以價格為中心的買賣合同的幾個要素，包括品質條款、數量條款、價格條款、包裝條款。進口國一般把商業發票作為徵收進口關稅的基本資料。另外商業發票還常常作為賣方陳述、申明、證明和提示某些事宜的書面文件。

（2）海關發票

海關發票是進口國海關制定的一種固定的發票格式，要求賣方填製，供買方憑以報關。進口國要求提供這種發票，主要是作為估價完稅或徵收差別待遇關稅或反傾銷稅的依據；此外，還供編製統計資料之用。

（3）形式發票

出口商有時應進口商的要求，發出一份列有出售貨物的名稱、規格、單價等內容

的非正式參考性發票，供進口商向其本國貿易管理當局或外匯管理當局等申請進口許可證或批准給予外匯等用，這種發票叫作形式發票。形式發票不是一種正式發票，不能用於托收和議付，它所列的單價等，也僅僅是出口商根據當時情況所做的估計，對雙方都無最終約束力，所以說形式發票只是一種估計單，正式成交后還要另外重新開具商業發票。

形式發票與商業發票的關係密切，信用證在貨物描述后面常有「按照某月某日之形式發票」等條款，對此援引只要在商業發票上打明「AS PER RPROFOMA INVOICE NO... DATED...」即可。假如來證附有形式發票，則形式發票成為信用證的組成部分，製單時要按形式發票內容全部打上。

（4）領事發票

有些國家法令規定，進口貨物必須要領取進口國在出口國領事簽證的發票，作為有關貨物徵收進口關稅的前提條件之一。領事發票和商業發票是平行的單據。領事發票是一份官方的單證，有些國家規定了領事發票的固定格式，這種格式可以從領事館獲得。

在實際工作中，比較多的情況是有些國家來證規定由其領事在商業發票上認證，認證的目的是證實商品的確實產地。認證要收取認證費。在計算出口價格時，應將這部分費用考慮進去。關於信用證上發票認證條款的內容，不同國家有不同的要求，是否必須認證需視具體條款而定。

（5）廠商發票

廠商發票是廠方出具給出口商的銷售貨物的憑證。來證要求提供廠商發票，其目的是檢查是否有削價傾銷行為，以便確定應否徵收「反傾銷稅」。

（6）樣品發票

出口商為了說明商品的品質、規格、價格，在交易前發送實樣，以便客戶挑選。此種樣品發票不同於商業發票，只為便於客戶瞭解商品的價值、費用等，便於向市場推銷，便於報關取樣。樣品發票的收款，有的不收、有的減半、有的全收。不論何種情況，都應在發票上註明，至於是向客戶直接收取、要求匯款償付，還是通過銀行托收，根據不同商品、不同貿易情況而定。對應收樣品款項要隨時檢查催收。

3.4.2　商業發票的作用

發票是賣方向買方開立的，對所交貨物的總說明是一張發貨價目清單。進口商憑發票核對貨物及瞭解貨物的品質、規格、價值等情況，它是進出口商記帳與核算的依據。在沒有匯票時，出口商可憑發票向進口商收款。發票是報關納稅的基本依據，也是實施其他管理的基礎。須說明的是，發票在作為結匯單據前，即貨物出運時，還有以下作用：

1. 作為國際商務單據中的基礎單據，是繕制報關單、產地證、報檢單、投保單等其他單據的依據。

2. 作為報關、報檢單據的組成部分。在出運過程中，報檢單、報關單都需要附上發票才能起到相應的作用。而在作為結匯單證之后，發票還有核銷外匯的作用，收到

外匯后，辦理核銷時需提供發票。

3.4.3 商業發票的一般內容

商業發票由出口企業自行擬制，無統一格式，但基本欄目大致相同。分首文、本文和結文三部分。首文部分包括發票名稱、號碼、出票日期及地點、抬頭人、合同號、運輸線路等。本文部分包括貨物描述、單價、總金額、嘜頭等。結文部分包括有關貨物產地、包裝材料等各種證明句、發票製作人簽章等。

從本質上講，發票是進出口商在國際貿易經濟業務中的會計原始憑證，所以發票的具體內容是以原始會計憑證的基本內容為基礎的。它包括以下具體內容：

1. 出票人的名稱，即出口商的名稱和詳細地址、電話、傳真等。

2. 單據的名稱，即「商業發票」（Commercial Invoice）或「發票」（Invoice）字樣。發票的名稱應與信用證規定的一致。如果信用證要求是「Certified Invoice」或「Detailed Invoice」，則發票的名稱也應這樣顯示。另外在發票的名稱中不能有「臨時發票」（Provisional Invoice）或「形式發票」（Proforma Invoice）等字樣出現。

3. 製單的日期及製單的基礎信息，包括發票的製單日期、發票號碼、合約號等。

4. 發票接受方的名稱，即發票的抬頭人，發票上必須明確顯示發票抬頭人即付款人的名稱、地址，通常情況下抬頭人為進口商，信用證方式下為開證申請人。

5. 有關此筆經濟業務的內容摘要包括：

（1）貨物描述。註明貨物的名稱、品質、規格及包裝狀況等內容。

（2）貨物的起運地、目的地。如有轉運可標明。

（3）嘜頭。嘜頭是貨物的識別標誌，運輸企業在裝卸、搬運時，根據嘜頭來識別貨物，作為交貨清單的發票，必須正確顯示這一裝運標誌。嘜頭一般包括收貨人簡標、合同號、目的港、件號等。

6. 數量和金額。在出口發票上必須明確顯示數量、單價、總值和貿易術語（價格條款），包括數量及數量單位、計價貨幣名稱、具體價格數。有時還須列出佣金、折扣、運費、保費等。

7. 出票方企業的名稱、簽發人蓋章或簽字。一般將這些內容打在發票的右下方。

8. 其他內容，包括該筆業務相關的特定號碼、證明句等。如在發票商品描述下方空白處註明買方的參考號、進口證號、信用證號以及貨物產地、出口商關於貨物製造、包裝、運輸等方面的證明。

3.4.4 裝箱單、重量單和尺碼單

我國出口企業不僅在出口報關時需要提供裝箱單、重量單和尺碼單，信用證往往也將此類單據作為結匯單據之一。實際上，裝箱單、重量單和尺碼單是商業發票的一種補充單據，是商品的不同包裝規格條件、不同花色和不同重量逐一分別詳細列表說明的一種單據。它是買方收貨時核對貨物的品種、花色、尺寸、規格和海關驗貨的主要依據。

裝箱單用來表明裝箱貨物的名稱、規格、數量、嘜頭、箱號、件數、重量以及包裝情況。如果是定量裝箱，每件都是統一的重量，則只需說明總件數多少，每箱多少

重量，合計多少重量。如果來證條款要求提供詳細裝箱單，則必須提供盡可能詳細的裝箱內容，包括商品的貨號、色號、尺寸搭配、毛淨重及包裝的尺碼等。

重量單：除裝箱單上的內容外，盡量清楚地表明商品每箱毛淨重及總重量的情況供買方安排運輸、存倉時參考。

尺碼單：說明貨物每件的尺碼和總尺碼，即在裝箱單內容的基礎上再重點說明每件不同規格項目的尺碼和總尺碼。如果不是統一尺碼應逐件說明。

3.5 實驗內容

3.5.1 填製商業發票

1. 步驟

登錄練習系統→查看我的練習→選擇習題→進入答題→完成實驗報告。見圖3.1。

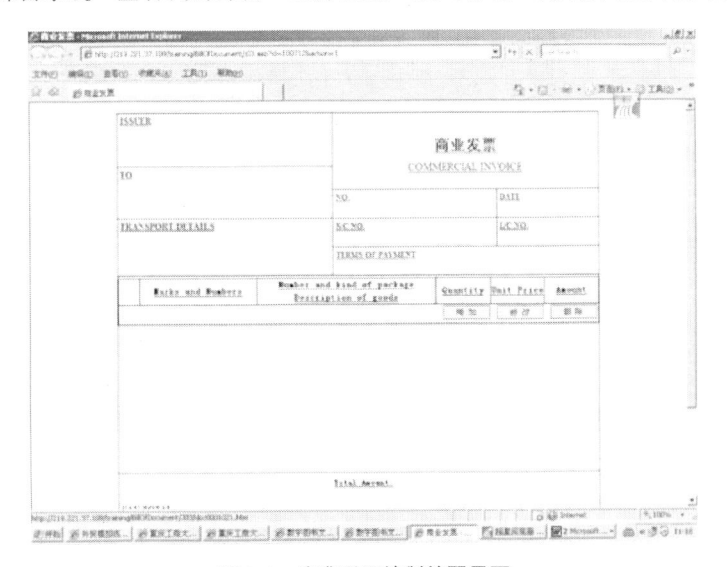

圖3.1 商業發票填製練習界面

2. 注意事項

出票人（Issuer）：填寫出票人（即出口商）的名稱和地址，在信用證支付方式下，應與信用證受益人的名稱和地址保持一致。

一般來說，出票人名稱和地址是相對固定的，因此有許多出口商在印刷空白發票時就印刷上這一內容。但公司更名或搬遷后，應及時印刷新的發票，以免造成單證不符。當來證規定用公司新名稱、新地址時，採用新發票；而當來證規定用公司舊名稱、舊地址時，應用舊發票。

受票人（To）：發票的抬頭人。L/C的開證申請人按L/C規定詳細填寫名稱、地址。如L/C打錯或不全，只能將錯就錯，后加括號加以更正。

在其他支付方式下，可以按合同規定列入買方地址。

運輸說明（Transport Details）：填寫運輸工具或運輸方式，一般還加上運輸工具的

名稱，運輸航線要嚴格與信用證一致。如果在中途轉運，在信用證允許的條件下，應表示轉運及其地點。

例如：Shipment From Shanghai Port To Montreal Port By Sea.

支付條款（Term of Payment）：填寫交易付款方式。如：L/C、D/P、D/A、T/T。

標記號碼（Marks and Numbers）：填寫運輸標誌，既要與實際貨物一致，還要與提單一致，並符合信用證的規定。如信用證沒有規定，可按買賣雙方和廠商訂的方案或由受益人自定。無嘜頭時，應註「N/M」或「No Mark」；如為裸裝貨，則註明「NAKED」或散裝「In Bulk」；如來證規定嘜頭文字過長，用「/」將獨立意思的文字彼此隔開，可以向下錯行，即使無線相隔，也可酌情錯開。

貨物描述、包裝種類和件數（Number and Kind of Packages, Description of Goods）：這是發票的主要部分，包括商品的名稱、規格、包裝、數量、價格等內容。如果信用證規定了貨物名稱或描述，原則上應照抄，不得隨意增減、前后文字顛倒或篡改。貨物的數量應該與實際裝運貨物相符，同時符合信用證的要求，如信用證沒有詳細的規定，必要時可以按照合同註明貨物數量，但不能與來證內容有抵觸。

根據《UCP500》規定，發票的商品名稱不得使用統稱，必須完全與信用證相符。有些國家開來的信用證中，商品名稱以英語以外的第三國文字表述（如法文、德文、西班牙文等），則發票（包括其他單據）亦應嚴格按信用證以該文字照抄。尤其是法國來證，法國海關要求收貨人進口清關時必須提供法文發票，因此應至少以法文註明商品名稱。

數量（Quantity）：其指實際裝運的貨物數量而非包裝件數，若有不同品種、不同價格，應分項列明。有些按重量計的貨物，在製單時應排除不合標準的計量方法，按信用證規定的計量單位填製。其他支付方式下，按合同規定的計量單位填製。

單價（Unit Price）：如果信用證有規定，應與信用證保持一致；如果信用證沒規定，則應與合同保持一致。

金額小計（Amount）：單價和數量相乘得到貨物金額小計，除非信用證上另有規定，貨物總值不能超過信用證金額。若信用證沒規定，則應與合同保持一致。

金額總計（Total Amount）：填寫「Amount」項的加總，該項由幣別和金額兩部分組成，本系統將幣別與金額分別列出，使用者在填寫此項時，注意第一列填幣別，第二列填金額。例如：USD 1000。

提示：若找不到這兩列的輸入位置，可將鼠標移開（此時鼠標形狀為箭頭）並點擊任意處，再同時按住鍵盤的 Ctrl 鍵和 A 鍵，如此可查看輸入區域；或者，鼠標點擊該項的空白處（此時鼠標形狀為箭頭），按鍵盤 Tab 鍵也可切換到輸入位置。

注意：①幣別須與信用證、合同的幣別相符。

②數額間不能以千分號「,」做分隔。

Say Total：填寫金額總計項（Total Amount）的英文大寫。例如：U. S. DOLLAR ONE THOUSAND ONLY 或 USD ONE THOUSAND ONLY。

注意：英文大寫前面加幣別，整數以「ONLY」結尾。

3.5.2 填製裝箱單

1. 步驟

登錄練習系統→查看我的練習→選擇習題→進入答題→完成實驗報告。見圖 3.2。

圖 3.2　商業發票填製練習界面

2. 注意事項

出單方（Issuer）：出單人的名稱與地址，應與發票的出單方相同。在信用證支付方式下，此欄應與信用證受益人的名稱和地址一致。

受單方（To）：受單方的名稱與地址，與發票的受單方相同。多數情況下填寫進口商的名稱和地址，並與信用證開證申請人的名稱和地址保持一致。

數量（Quantity）：指實際裝運的貨物數量而非包裝件數，若有不同品種、不同價格，應分項列明。有些按重量計的貨物，在製單時應排除不合標準的計量方法，按信用證規定的計量單位填製。在其他支付方式下，按合同規定的計量單位填製。

包裝件數（Package）：填寫每種貨物的外包裝件數，可通過產品的規格描述來計算，最後在合計欄（Total）處註明外包裝總件數。

例1：商品 03001（三色戴帽熊），規格描述是每箱裝 60 只。如果銷售數量（Quantity）是 9,120 只，則包裝件數（Package）= 9,120÷60 = 152（箱）。

例2：商品 01006（藍莓罐頭），規格描述是每箱 12 瓶。如果銷售數量是 2,000 箱，則包裝件數 = 2,000 箱；如果銷售數量是 2,000 瓶，則包裝件數 = 2,000÷12 = 167（箱）。

提示：在計算外包裝件數時，應注意包裝單位和銷售單位是否相同。如果不同，則要查詢商品的規格描述（如每箱可裝多少），以正確計算出外包裝件數，不足1件的計為1件。

毛重（G.W）：註明該項貨物的總毛重，最後在合計欄（Total）處填寫各項總毛

重之和，不足 1 公斤的計為 1 公斤。

在計算毛重時，對銷售單位和包裝單位相同的產品，可直接用交易數量×每箱的毛重；對銷售單位和包裝單位不同的產品，須先根據規格描述計算出單件的毛重，再根據交易數量計算總毛重。

例 1：玩具類產品 03001 項，銷售單位是 PC（件），包裝單位是 CARTON（箱），規格描述顯示是每箱裝 60 只，每箱毛重 11 公斤。如果交易數量為 1,000 只，試計算總毛重。

解：單件的毛重 = 11÷60 = 0.183,333（公斤）

總毛重 = 0.183,333×1,000 = 183.333 ≈ 184（公斤）

例 2：食品類產品 01001 項，銷售單位是 CARTON（箱），包裝單位也是 CARTON（箱），每箱毛重 8.976 公斤。如果交易數量為 2,000 只，試計算總毛重。

解：總毛重 = 2,000×8.976 = 17,952（公斤）

注意：因該類產品銷售單位和包裝單位相同，故計算時不考慮規格描述的內容。

淨重（N.W）：註明該項貨物的總淨重，最后在合計欄（TOTAL）處填寫各項總淨重之和，不足 1 公斤的計為 1 公斤。

在計算淨重時，對銷售單位和包裝單位相同的產品，可直接用交易數量×每箱的淨重；對銷售單位和包裝單位不同的產品，應先根據規格描述計算出單件的淨重，再根據交易數量計算總淨重。

例 1：玩具類產品 03001 項，銷售單位是 PC（件），包裝單位是 CARTON（箱），規格描述顯示是每箱裝 60 只，每箱淨重 9 公斤。如果交易數量為 1,000 只，試計算總淨重。

解：單件的淨重 = 9÷60 = 0.15（公斤）

總淨重 = 0.15×1,000 = 150（公斤）

例 2：食品類產品 01001 項，銷售單位是 CARTON（箱），包裝單位也是 CARTON（箱），每箱淨重 8.16 公斤。如果交易數量為 2,000 只，試計算總淨重。

解：總淨重 = 2,000×8.16 = 16,320（公斤）

注意：因該類產品銷售單位和包裝單位相同，故計算時不考慮規格描述的內容。

體積（Meas.）：先根據商品資料中的包裝尺寸算出該項貨物每箱的包裝體積，再根據包裝箱數和每箱的體積算出該項貨物的包裝總體積，最后在下方的合計欄（Total）處填寫各項總體積之和。

在計算體積時，對銷售單位和包裝單位相同的產品，可直接用交易數量×每箱的體積；對銷售單位和包裝單位不同的產品，須先根據規格描述計算出包裝箱數，再計算總體積（包裝箱數有小數點時，必須進位取整箱）。

例 1：玩具類產品 03001 項，銷售單位是 PC（件），包裝單位是 CARTON（箱），規格描述顯示是每箱裝 60 只，包裝尺寸是 72×76×30（cm）。如果交易數量為 1,000 只，試計算總體積。

解：每箱體積 = 0.72×0.76×0.30 = 0.164,16 ≈ 0.164（立方米）

包裝箱數 = 1,000÷60 = 16.66（取整 17 箱）

總體積＝17×0.164＝2.788（立方米）

例2：食品類產品01001項，銷售單位是CARTON（箱），包裝單位也是CARTON（箱），每箱包裝尺寸是42×14×16（cm）。如果交易數量為2,000只，試計算總體積。

解：每箱體積＝0.42×0.14×0.16＝0.009,408≈0.009,4（立方米）

總體積＝2,000×0.009,4＝18.8（立方米）

注意：因該類產品銷售單位和包裝單位相同，故計算時可不考慮規格描述的內容。

Total：商品明細的合計，包括總包裝件數（Package）、總毛重（G.W）、總淨重（N.W）、總體積（Meas）。

其中，「Package」項由包裝件數和包裝單位兩部分組成，使用者在填寫此項時，注意第一列填包裝數量，第二列填包裝單位。

Say Total：填寫總包裝件數（Package）的英文大寫。例如：ONE THOUSAND SEVEN HUNDRED CARTONS ONLY。

注意：英文大寫中要註明包裝單位（如CARTONS）。

3.6 實驗思考題

1. 製單的依據是什麼？製單的原則是什麼？
2. 商業發票在全套單據中的作用和地位是什麼？
3. 裝箱單的主要作用是什麼？

實驗項目四　出口貨物明細單與提單的填製

4.1 實驗目的

瞭解Training軟件的基本功能，熟練掌握出口貨物明細單和提單的意義、內容和填製技巧。

4.2 實驗使用的儀器設備（軟件）

南京世格外貿練習系統（Training）。

4.3 實驗要求

1. 回顧相關理論，明確國際貨物運輸一般程序及提單在國際貿易流程中的意義所在，並掌握出口貨物明細單和提單的基本內容。
2. 通過案例題目的動手操作，掌握單據填製方法。
3. 完成實驗報告，記錄重點步驟。

4.4 實驗理論基礎

在進出口貿易中，貨物由賣方交付給買方，都要經過一定的運輸方式來完成。如

何運輸，要由合同的裝運條款做出規定。裝運條款通常要包括裝運（或交貨）時間、裝運港（或裝運地）、目的港（或目的地）、能否轉運、能否分批裝運、裝運通知等有關內容。在簽訂合同時，買賣雙方選擇合適的運輸方式，明確裝運要求，才能保證合同的順利履行。若約定不明，就會產生運輸問題的糾紛。

4.4.1 國際貨物運輸的種類

國際貨物運輸包括海洋運輸、鐵路運輸、公路運輸、航空運輸、郵政運輸、管道運輸、集裝箱運輸及國際多式聯運等多種運輸方式。這些運輸方式都有各自的特點，在實際業務中，應根據貿易的具體情況做出合適的選擇。

1. 國際海上貨物運輸

國際海上貨物運輸是指使用船舶通過海上航道在不同的國家和地區的港口之間運送貨物的一種運輸方式。國際海上貨物運輸的特點如下：

（1）運輸量大。國際貨物運輸是在全世界範圍內進行的商品交換，地理位置和地理條件決定了海上貨物運輸是國際貨物運輸的主要手段。國際貿易總運量的75%以上是利用海上運輸來完成的，有的國家的對外貿易運輸海運占運量的90%以上。主要原因是船舶向大型化發展（如50萬~70萬噸的巨型郵船、16萬~17萬噸的散裝船）以及集裝箱船的大型化，船舶的載運能力遠遠大於火車、汽車和飛機。

（2）通過能力大。海上運輸利用天然航道四通八達，不像火車、汽車要受軌道和道路的限制，因而其通過能力要超過其他各種運輸方式。如果政治、經濟、軍事等條件變化，海上運輸還可隨時改變航線駛向有利於裝卸的目的港。

（3）運費低廉。船舶的航道天然構成，船舶運量大，港口設備一般均為政府修建，船舶經久耐用且節省燃料，所以貨物的單位運輸成本相對低廉。據統計，海運運費一般約為鐵路運費的1/5、公路汽車運費的1/10、航空運費的1/30，這就為低值大宗貨物的運輸提供了有利的競爭條件。

（4）對貨物的適應性強。上述特點使海上貨物運輸基本上適用於各種貨物。如石油井臺、火車、機車車輛等超重大貨物，其他運輸方式無法裝運，船舶一般都可以裝運。

（5）運輸的速度慢。由於商船的體積大、水流的阻力大，加之裝卸時間長等其他各種因素的影響，貨物的運輸速度比其他運輸方式慢。較快的班輪航行速度也僅30海里/小時[①]左右。

（6）風險較大。由於船舶海上航行受自然氣候和季節性影響較大，海洋環境複雜，氣象多變，隨時都有遇上狂風、巨浪、暴風、雷電、海嘯等人力難以抗衡的海洋自然災害，遇險的可能性比陸地、沿海要大。同時，海上運輸還存在著社會風險，如戰爭、罷工、貿易禁運等因素的影響。為轉嫁損失，海上運輸的貨物、船舶保險尤其應更加重視。

---

① 1海里＝1,852米。

2. 國際鐵路貨物運輸

鐵路是國民經濟的大動脈，鐵路運輸是現代化運輸業的主要運輸方式之一。它與其他運輸方式相比較，具有以下主要特點：

（1）鐵路運輸的準確性和連續性強。鐵路運輸幾乎不受氣候影響，一年四季可以不分晝夜地進行定期的、有規律的、準確的運轉。

（2）鐵路運輸速度比較快。鐵路貨運速度每晝夜可達幾百公里，一般貨車可達100千米/小時左右，遠遠高於海上運輸。

（3）運輸量比較大。鐵路一列貨物列車一般能運送 3,000~5,000 噸貨物，遠遠高於航空運輸和汽車運輸。

（4）鐵路運輸成本較低。鐵路運輸費用僅為汽車運輸費用的幾分之一到十幾分之一；運輸耗油約是汽車運輸的二十幾分之一。

（5）鐵路運輸安全可靠，風險遠比海上運輸小。

（6）初期投資大。鐵路運輸需要鋪設軌道、建造橋樑和隧道，建路工程艱鉅複雜；需要消耗大量鋼材、木材；占用土地，其初期投資大大超過其他運輸方式。

另外，鐵路運輸由運輸、機務、車輛、工務、電務等業務部門組成，要求具備較強的準確性和連貫性，各業務部門之間必須協調一致，這就要求在運輸指揮方面實行統籌安排，統一領導。

3. 國際公路貨物運輸

公路運輸（一般是指汽車運輸）是陸上兩種基本運輸方式之一，在國際貨物運輸中，它是不可缺少的重要運輸方式。公路貨物運輸與其他運輸方式相比較，具有以下特點：

（1）機動靈活、簡捷方便、應急性強，能深入到其他運輸工具到達不了的地方。

（2）適應點多、面廣、零星、季節性強的貨物運輸。

（3）運距短、單程貨多。

（4）汽車投資少、收效快。

（5）港口集散可爭分奪秒，突擊搶運任務多。

（6）是空運班機、船舶、鐵路銜接運輸不可缺少的運輸形式。

（7）隨著公路現代化、車輛大型化的發展，公路運輸是實現集裝箱在一定距離內門到門運輸的最好的運輸方式。

（8）汽車的載重量小，車輛運輸時震動較大，易造成貨損事故，費用和成本也比海上運輸和鐵路運輸高。

4. 國際航空貨物運輸

國際航空貨物運輸雖然起步較晚，但發展極為迅速，這是與它所具備的許多特點分不開的。這種運輸方式與其他運輸方式相比，具有以下特點：

（1）運送速度快。現代噴氣運輸機一般時速都在 900 英里（1 英里=1.609 千米）左右，協和式飛機時速可達 1,350 英里。航空線路不受地面條件限制，一般可在兩點間直線飛行，航程比地面短得多，而且運程越遠，快速的特點就越顯著。

（2）安全準確。航空運輸管理制度比較完善，貨物的破損率低，可保證運輸質量，

如使用空運集裝箱，則更為安全。飛機航行有一定的班期，可保證按時到達。

（3）手續簡便。航空運輸為了體現其快捷便利的特點，為托運人提供了簡便的托運手續，也可以由貨運代理人上門取貨並為其辦理一切運輸手續。

（4）節省包裝、保險、利息和儲存等費用。由於航空運輸速度快，商品在途時間短、週期快，存貨可相對減少，資金可迅速收回。

（5）航空運輸的運量小、運價較高。但是這種運輸方式的優點突出，可彌補運費高的缺陷，加之保管制度完善、運量又小，貨損貨差較少。

5. 集裝箱運輸

集裝箱運輸是以集裝箱作為運輸單位進行貨物運輸的現代化運輸方式，目前已成為國際上普遍採用的一種重要的運輸方式。國際多式聯運是在集裝箱運輸的基礎上產生和發展起來的，一般以集裝箱為媒介，把海上運輸、鐵路運輸、公路運輸和航空運輸等傳統單一運輸方式有機地聯合起來，來完成國際的貨物運輸。

（1）對貨主而言，它的優越性體現在大大地減少了貨物的損壞、偷竊和污染的發生；節省了包裝費用；由於減少了轉運時間，能夠更好地對貨物進行控制，從而降低了轉運費用，也降低了內陸運輸和裝卸的費用，便於實現更迅速的門到門的運輸。

（2）對承運人來說，集裝箱運輸的優點在於減少了船舶在港的停泊時間，加速了船舶的週轉，船舶加速的週轉可以更有效地利用它的運輸能力，減少對貨物的索賠責任等。

（3）對於貨運代理來說，使用集裝箱進行貨物運輸可以為他們提供更多的機會來發揮無船承運人的作用，提供集中運輸服務、分流運輸服務、拆裝箱服務、門到門運輸服務和聯運服務。

但是集裝箱運輸也存在一定的缺點：

（1）受貨載的限制，其航線上的貨物流向容易不平衡，往往在一些支線運輸中，出現空載回航或箱量大量減少的情況，從而影響了經濟效益。

（2）需要大量投資，產生資金困難。

（3）轉運不協調，造成運輸時間延長，增加一定的費用。

（4）受內陸運輸條件的限制，無法充分發揮集裝箱運輸門到門的運輸優勢。

（5）各國集裝箱運輸方面的法律、規章、手續及單證不統一，阻礙國際多式聯運的開展。

6. 國際多式聯運

國際多式聯運的優點在於：

（1）手續簡便，責任統一。

在國際多式聯運方式下，貨物運程不論多遠，不論由幾種運輸方式共同完成貨物運輸，也不論貨物在途中經過多少次轉運，所有運輸事項均由多式聯運承運人負責辦理。而貨主只需辦理一次托運，訂立一份運輸合同，支付一次運費，辦理一次保險，並取得一份聯運提單。與各運輸方式相關的單證和手續上的麻煩被減少到最小程度。發貨人只需與多式聯運經營人進行交涉。由於責任統一，一旦在運輸過程中發生貨物滅失或損壞，由多式聯運經營人對全程運輸負責，而每一運輸區段的分承運人僅對自

己運輸區段的貨物損失承擔責任。

（2）減少運輸過程中的時間損失，使貨物運輸更快捷。

多式聯運作為一個單獨的運輸過程被安排和協調運作，能減少在運轉地的時間損失和貨物滅失、損壞、被盜的風險。多式聯運經營人通過他的通信聯絡和協調，在運轉地各種運輸方式的交接可連續進行，使貨物更快速地運輸，從而彌補了與市場距離遠和資金積壓的缺陷。

（3）節省了運雜費用，降低了運輸成本。

國際多式聯運使用了集裝箱，集裝箱運輸的優點都體現在多式聯運中，多式聯運經營人一次性收取全程運輸費用、一次性保險費用。貨物裝箱後裝上運輸工具後即可用聯運提單結匯，有利於加快貨物資金週轉，減少利息損失。同時也節省了人、財、物資源，從而降低了運輸成本。這有利於減少貨物的出口費用，提高了商品在國際市場上的競爭能力。

（4）提高了運輸組織水平，實現了門到門運輸，使合理運輸成為現實。

多式聯運可以提高運輸的組織水平，改善不同運輸方式間的銜接工作，實現各種運輸方式的連續運輸，可以把貨物從發貨人的工廠或倉庫運到收貨人的內地倉庫或工廠，做到了門到門的運輸，使合理運輸成為現實。

在當前國際貿易競爭激烈的形勢下，貨物運輸要求速度快、損失少、費用低，而國際多式聯運適應了這些要求。因此，國際商廠越來越多地採用多式聯運。可以說，國際多式聯運是當前國際貨物運輸的發展方向。我國地域遼闊，更具有發展國際多式聯運的潛力。可以預料，隨著我國內陸運輸條件的改善，我國國際多式聯運必將蓬勃地發展起來。

4.4.2 合同中的運輸條款

運輸條款是合同的重要內容。採用貿易術語和運輸方式的不同，其對運輸條款有不同的規定。一般來說，合同的運輸條款包括裝運時間、裝運港、目的港、是否允許轉船、是否允許分批裝運、裝運通知以及滯期、速遣條款等。

1. 裝運時間（Time of Shipment）

裝運時間又稱裝運期，是指賣方在起運地點裝運貨物的期限，是合同中的重要交易條件。合同對裝運期的規定，原則上必須具體，毫不含糊。但由於運輸中存在很多不可控制的因素，要保證在某一天裝運貨物是非常困難的，故一般要規定一定的期間。常見規定以某一特定行為作為裝運前提。例如，合同規定：收到信用證45天內裝運。在簽訂合同時，應注意裝運時間、信用證開立時間及信用證到期日幾個時間的前後順序，既保證有充足的時間進行備貨，還應有足夠的時間製單結匯。

2. 裝運港（地）和目的港（地）

裝運港（地）是指貨物開始裝運的港口（地點）；目的港（地）是最終卸貨的港口（地點）。裝運港（地）通常為便利裝貨由賣方提出，經買方同意後確定；目的港（地）一般由買方提出，經賣方同意後確定。

3. 分批裝運和轉船

分批裝運（Partial Shipment）是指一個合同項下的貨物分若干批裝運。買賣雙方應

根據成交數量、運輸條件和市場需要等因素考慮是否允許分批裝運，還應在訂立合同中明確。

轉船（Tran Shipment）是指貨物裝運后，在運輸途中換裝其他船舶運至目的港。能否允許賣方裝運貨物途中轉船，在合同中，買賣雙方也要訂立明確，即「允許轉船條款」。如果到目的港沒有直達船或無合適的船，賣方在訂立合同時應要求加入「允許轉船條款」。

4. 裝運通知

裝運通知（Shipping Advice），又稱裝船通知，是買賣雙方為互相配合，共同做好車、船、貨的銜接和辦理貨運保險，雙方要承擔相互通知的義務。如派船通知、備貨通知等。賣方在貨物裝運完畢時，向買方發出裝船通知，及時告知買方有關貨物裝運情況和預計到達時間，以便買方及時辦理必要的保險和準備接貨。裝船通知內容一般包括：合同號、信用證號、貨物明細、裝運港、裝運期限、船名、航次、預計的開航日期和到達目的港日期等。特別強調的是，按 CFR 或 CPT 術語成交時，賣方裝運后及時向買方發出裝運通知，更為重要。若賣方不向買方發裝船通知，視為風險沒有轉移。

5. 滯期、速遣條款

在定程租船時，貨物的裝卸時間、裝卸率會直接關係到船方的經營效益。為約束租船人，在租船合同中，對滯期和速遣問題要明確規定。滯期是指在規定的裝卸期限內，租船人未能完成作業，耽誤了開船的時間。根據合同中滯期條款的規定，租船方要向船方支付罰款，即滯期費。速遣是指租船人的實際裝卸作業時間比合同約定的提前。對此，船方向租船方給予一定的獎勵，即速遣費。每日的速遣費通常為滯期費的一半。

4.4.3 運輸單據

運輸單據是承運人收到承運貨物后簽發給托運人的證明文件，它是交接貨物、處理索賠和結算貨款的重要單據。在國際貨物運輸中，運輸單據種類很多，其中包括海運提單、鐵路運單、航空運單、多式聯運單據和郵件收據等。

1. 海運提單

（1）海運提單的性質和作用

海運提單是承運人收到貨物后出具的貨物收據，也是承運人所簽署的運輸契約的證明，提單還代表所載貨物的所有權，是一種物權憑證。

（2）海運提單的種類

海運提單可以從不同角度，予以分類：

根據貨物是否裝船，可分為已裝船提單（Shipped B/L）和備運提單（Received for Shipment B/L）。備運提單上加註已裝船註記后，即成為已裝船提單。

根據報單上對貨物外表狀況有無不良批註，可分為清潔提單和不清潔提單。在國際貿易結算中，銀行只接受清潔提單，即承運人未在提單上批註貨物外表狀況有任何不良情況。

根據提單收貨人欄內的書寫內容，可分為記名提單和指示提單。提單收貨人欄，

又稱提單抬頭，表明貨物所有權的歸屬。記名提單指該欄記載特定收貨人名稱，只能由該收貨人提貨，不能轉讓。指示提單又分不記名指示和記名指示，不記名指示提單僅填寫「To order」（憑指定），必須由托運人背書后才能轉讓，又稱空白抬頭。記名指示提單填寫「To the order of...」（憑某某指定），該某某即為具體的指示人，提單由其背書后可以轉讓，通常為受託銀行。背書又分兩種形式：一種由有權背書人單純簽署，稱為空白背書；另一種除背書人簽署外，還寫明被背書人（受讓人）的名稱，稱為記名背書。在國際貿易中，通常採用憑指示空白背書提單，習慣上稱空白抬頭、空白背書。

根據船舶營運方式的不同，可分為班輪提單和租船提單。班輪握本上載明運輸合同的條款，船貨雙方受其約束。而租船提單則受另行簽訂的租船合同約束，故在使用該提單時，往往要提供租船合同副本。

2. 鐵路運單

鐵路運輸分為國際鐵路聯運和通往港澳的國內鐵路運輸，分別使用國際鐵路貨物聯運單和承運貨物收據。

（1）國際鐵路貨物聯運單

該運單為發送國鐵路和發貨人之間締結的運輸合同。運單簽發即表示承運人已收到貨物並受理托運，裝車後加蓋承運日戳，即為承運。運單正本隨同貨物送至終點站交收貨人，是鐵路同收貨人交接貨物、核收運雜費用的依據。運單副本加蓋日戳后是賣方辦理銀行結算的憑證之一。

（2）承運貨物收鋸

內地通過國內鐵路運往港澳地區出口貨物，一般都委託中國對外貿易運輸公司承辦。貨物裝車發運后，由外運公司簽發一份承運貨物收據給托運人。托運人以此作為結匯憑證。承運貨物收據既是承運人出具的貨物收據，也是承運人與托運人簽署的運輸契約。

3. 航空運單

航空運單是承運人與托運人之間簽訂的運輸契約，也是承運人或其代理人簽發的貨物收據。航空運單不僅應有承運人或其代理人簽字，還必須有托運人簽字。航空運單與鐵路運單一樣，不是物權憑證，不能憑此提取貨物，必須做成記名抬頭，不能背書轉讓。

收貨人憑航空公司的到貨通知單和有關證明提貨。

航空運單正本一式三份，分別交托運人航空公司和隨機帶交收貨人，副本若干份由航空公司按規定分發。

4. 多式聯運單據

多式聯運單據由承運人或其代理人簽發，其作用與海運提單相似，既是貨物收據也是運輸契約的證明。在單據做成指示抬頭或不記名抬頭時，多式聯運單據可作為物權憑證，經背書可以轉讓。

多式聯運單據表面上和聯運提單相仿，但聯運提單承運人只對自己執行的一段負責，而多式聯運承運人對全程負責。聯運提單由船公司簽發，包括海洋運輸在內的全

程運輸。多式聯運單據由多式聯運承運人簽發，也包括全程運輸，但多種運輸方式中，可以不包括海洋運輸。

4.4.4　海運出口貨物運輸業務操作基本流程

海運出口貨物運輸業務是根據貿易合同有關部門運輸條件，把出口貨物加以組織和安排，通過海運方式運到國外目的港的一種業務。在以 CIF 或 CFR 條件成交，由賣方安排運輸時，其工作環節和程序如下：審核信用證中的裝運條款→備貨報驗→托運訂艙→投保工作→貨物集中港區→出口報關和裝船→裝船通知和換取提單→製單結匯。

為了履行貿易合同，賣方若要把出口貨物通過海上運輸方式運到目的港，發貨人就必須根據貿易合同的有關條件，辦理備貨、包裝、刷唛、製單、報檢、催證、集運裝車、向港口發運，以及貨到港口后的接貨、儲存、製單（裝船運輸單證）、復檢、報關、訂艙配載、修補包裝、港內集運、投保、裝船、結匯等項業務。這一系列的業務單靠發貨人往往是難以順利完成的，一般除了備貨是由發貨人自己進行以外，其他項目都可以委託貨運代理來辦理，這樣的貨運代理業務稱為出口代運。

出口代運接受委託時，委託人需要提供的單據有：貿易合同和信用證副本、出口貨物明細表、商檢初驗證、出口許可證、出口收匯核銷單和進料加工登記手冊、來料加工和補償貿易登記手冊等。如果是危險品則需要危險品說明書，並提供齊全的資料。

4.5　實驗內容

4.5.1　填製出口貨物明細單

1. 步驟

登錄練習系統→查看我的練習→選擇習題→進入答題→完成實驗報告。見圖 4.1。

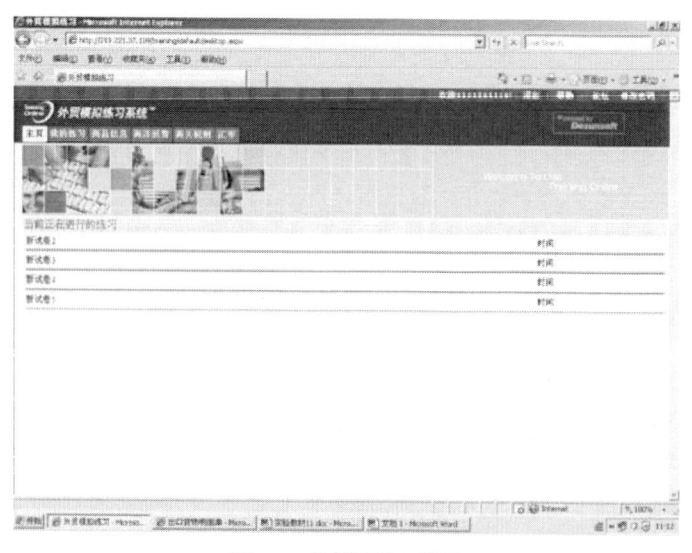

圖 4.1　練習系統主界面

2. 注意事項

（1）經營單位（裝船人）。必須與運單的發貨人一致，一般填寫出口商，如果是國內代理公司代理發貨則註明某某公司代某某公司發運，並在右下角加蓋代理公司業務專用章或運輸專用章。

抬頭人。填寫收貨人或提單的被通知人。

提示：電開信用證的抬頭人通常在「DOCUMENTS REQUIRED 46 A：」或「Docs Required 46 A」項有指示。找到「... TO ORDER OF...」的描述，可以把「TO ORDER OF...」照抄下來。如果沒有，也可以直接填寫「TO ORDER」。

通知人。填寫最終收貨方，通常是合同的買方或信用證規定的提單通知人。

運費。一般為預付（Freight Prepaid）或到付（Freight Collect）。如 CIF 或 CFR 出口，一般均填上「運費預付」字樣，千萬不可漏列，否則收貨人會因運費問題提不到貨，雖可查清情況，但拖延提貨時間，也將造成損失。如系 FOB 出口，則運費可製作「運費到付」字樣，除非收貨人委託發貨人墊付運費。

收匯方式。按出口合同所列的收匯方式填寫，例如：L/C、D/P、D/A、T/T。

貿易國別。填寫貿易成交國別（地區），例如：加拿大。如果通過我國駐港機構與他國成交，應填香港。

有效期限。信用證方式下，信開信用證可按「LATEST」項所列填寫，電開信用證可按「DATE/PLACE EXP. ＊ 31 D：」項所列填寫；非信用證方式下，此項可不填寫。

注意：信用證的有效期限是受益人向銀行提交單據的最后日期，受益人應在有效期限之前或當天向銀行提交信用證單據。

標記嘜碼。即運輸標誌，既要與實際貨物一致，還要與提單一致，並符合信用證的規定。如信用證沒有規定，可按買賣雙方和廠商訂的方案或由受益人指定。無嘜頭時，應註「N/M」或「No Mark」；如為裸裝貨，則註明「Naked」或散裝「In Bulk」；如來證規定嘜頭文字過長，用「／」將獨立意思的文字彼此隔開，可以向下錯行（即使無線相隔，也可酌情錯開）。

數量。填寫此項商品的銷售數量，該數量應與合同數量一致。此外毛重、淨重與總體積應根據系統商品信息進行計算。

保險單、險別、保額、賠款地點。凡按 CIF、CIP 條件成交的出口貨物，由出口商向當地保險公司辦理投保手續。在實際業務中，業務量較大的外貿公司為簡化手續和節省時間，投保時也可用出口貨物明細單代替投保單向保險公司投保，當然外貿公司必須先同保險公司達成此類協議方可實行。如果不用出口貨物明細單代替投保單，此處也可空著不填。

4.5.2 填製提單

1. 步驟

登錄練習系統→查看我的練習→選擇習題→進入答題→完成實驗報告。見圖 4.2。

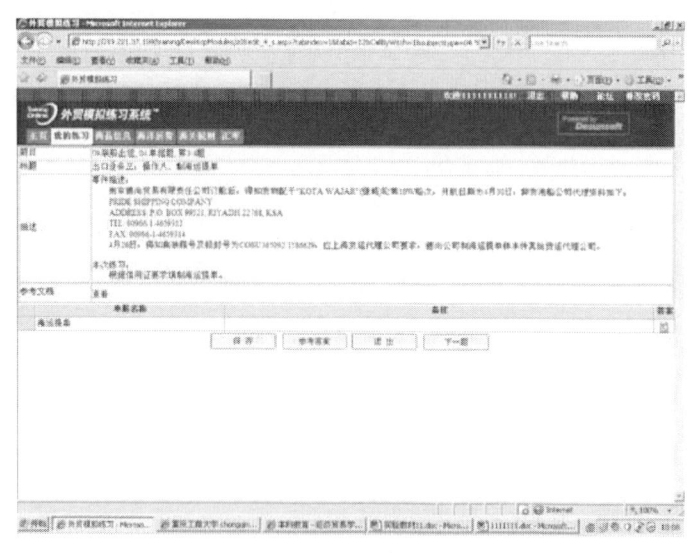

圖4.2　制海運提單練習界面

2．注意事項

托運人（Shipper）。托運人是指委託運輸的人，即將賣方的名稱和地址填入此欄。若信用證規定要求第三者作為托運人，則應按要求填製。

收貨人（Consignee）。這一欄的填寫應嚴格按照L/C的規定在記名收貨人、憑指示和記名指示中選一個。

例如：

（1）來證要求：「Full set of B/L made out to order」，提單收貨人一欄則應填「To order」。

（2）來證要求：「B/L issued to order of Applicant」，此 Applicant 為信用證的申請開證人 Big A. Co.，則提單收貨人一欄填寫「To order of Big A. Co.」。

（3）來證要求：「Full set of B/L made out our order」，開證行名稱為 Small B Bank，則應在收貨人處填「To Small B Bank's order」。

被通知人（Notify Party）。通知欄為接受船方發出貨到通知的人的名址。它可以由買方選擇，既可以是買方本人或其代理，又可以是第三方。但被通知人無權提貨。

如果來證未說明哪一方為被通知人，那麼就將L/C中的申請人名稱、地址填入副本B/L中，正本先保持空白。

如果來證要求兩個或兩個以上的公司為被通知人，出口公司應把這兩個或兩個以上的公司名稱和地址完整地填入。若填寫格太小，則應在結尾部分打「＊」，然后在提單中「描述貨物內容」欄的空白地方做上同樣的記號「＊」，接著填完應填寫的內容。這一方法對其他欄目的填寫也適用。

Ocean Vessel Voy. No.。如貨物需要轉運，填寫第二程船的船名（但信用證並無要求時，則不需填寫第二程船的船名）；如果貨物不需要轉運，填寫第一程船的船名。

Port of Loading。如果貨物需要轉運，填寫中轉港口名稱；如果貨物不需要轉運，填寫裝運港名稱。

Port of Discharge。填寫卸貨港（指目的港）名稱。

Container / Seal No.。填寫集裝箱號和嘜頭；若無，填「N/M」。

No. of Containers or Packages。本欄包括三個欄目，但無須分別填寫。

填寫的內容包括：第一，商品名稱；第二，最大包裝件數；第三，運費條款。

（1）商品名稱與托運單內容要嚴格一致。在使用文字上按信用證要求。無特殊聲明，應用英文填寫。對某些來證要求貨名用中文表達時，應遵守來證規定，用中文填寫。

（2）運費條款。一般填「Freight Prepaid/Freight Collect」，使用哪種按價格術語確定。若使用 CIF 或 CFR，要求賣方在交貨前把運費付清，則填「Freight Paid or Freight Prepaid」。需注意的是：有時來證在規定以 FOB 成交時，「B/L Marked freight prepaid」出口公司最好要求對方修改信用證。如果不修改，則需出口方墊付運費，不但會有運費上的利息損失，而且萬一發生糾紛更有運費收不回來的風險。

Description of Goods（If Dangerous Goods, See Clause 20）。這一部分很雜，製作時應根據來證要求將提單上的批註與實際情況結合分析來製作，通常情況信用證多要求在此聲明「運費預/（到）付」或加註信用證號碼，此時可照辦。例如：來證寫明「FULL SET OF 3/3 CLEAN ON BOARD OCEAN BILLS OF LADING AND TWO NONNEGOTIABLE COPIES MADE OUT TO ORDER OF BANGKOK BANK PUBLIC COMPANY LIMITED, BANGKOK MARKED FREIGHT PREPAID（註明運費預付）AND NOTIFY APPLICANT AND INDICATING THIS L/C NUMBER（標明信用證號碼）」。

另外，也有個別信用證要求特殊註明「貨物已裝上某班輪公會的船」「提單上不得出現運費預付字樣」等類似語句，這時不能因其他部位已表明相同含義而放棄加註，最好於此特別聲明「We certify that...」。

Gross Weight Kgs。填寫貨物毛重，以公斤計。具體信息必要時參照主頁面中商品信息一欄。

Measurement。除信用證另有規定者外，一般以立方米列出貨物體積。在本系統中，此項填寫所有產品的總體積。

在計算體積時，對銷售單位和包裝單位相同的產品，可直接用交易數量×每箱的體積；對銷售單位和包裝單位不同的產品，須先根據規格描述計算出包裝箱數，再計算總體積（注意：包裝箱數有小數點時，必須進位取整箱）。

例1：玩具類產品 03001 項，銷售單位是 PC（件），包裝單位是 CARTON（箱），規格描述顯示是每箱裝 60 只，包裝尺寸是 72×76×30（cm）。如果交易數量為 1,000 只，試計算總體積。

解：每箱體積＝0.72×0.76×0.30＝0.164.16≈0.164（立方米）

包裝箱數＝1,000÷60＝16.66，取整 17 箱

總體積＝17×0.164＝2.788（立方米）

例2：食品類產品 01001 項，銷售單位是 CARTON（箱），包裝單位也是 CARTON

（箱），每箱包裝尺寸是 42×14×16（cm）。如果交易數量為 2,000 只，試計算總體積。

解：每箱體積 = 0.42×0.14×0.16 = 0.009,408 ≈ 0.009,4（立方米）

總體積 = 2,000×0.009,4 = 18.8（立方米）

注意：因該類產品銷售單位和包裝單位相同，故計算時可不考慮規格描述的內容。

Total Number of containers and/or packages (in words)。用大寫表示集裝箱或其他形式最大外包裝的件數。與「No. of Containers or Packages」欄的件數一致。

No. of Original B (s)/L。填正本提單簽發的份數。

收貨人憑正本提單提貨，為避免因正本提單在遞交過程中丟失而造成提貨困難，承運人要多簽發兩份或兩份以上的正本提單，正本提單的份數應在提單上註明。每份正本提單的效力相同，憑其中一份提貨后，其餘各份失效。

信用證中要求提供「全套正本提單」（FULL SET OR COMPLETE SET OF B/L），則需提供承運人簽發的所有正本。

近些年來，來證中有如下語句出現：「Beneficiary's certificate certifying that they have sent by speed post one of the three (1/3 original) B/L direct to the applicant immediately after shipment and accompanied by relative post receipt」，是指開證申請人要求賣方在貨物裝船后寄其一份正本提單。這種做法於買方提貨和轉口貿易以及較急需或易腐爛的商品貿易有利，但對賣方卻有貨權已交出而被拒付的危險。因而，此處應慎重處理。

LADEN ON BOARD THE VESSEL。如要求提供已裝船提單，必須由船長簽字並註明開船時間 Date 和「LADEN ON BOARD」字樣。

4.6 實驗思考題

1. 出口貨物明細單與海運提單的關係是什麼？
2. 海運提單的抬頭人一欄如何填寫？不同的填寫內容可以把海運提單分成哪幾類？

實驗項目五　投保單、原產地證明及報檢單的填製

5.1 實驗目的

熟悉投保單、原產地證明以及報檢單的內容和填製方法。

5.2 實驗使用的儀器設備（軟件）

南京世格外貿練習系統（Training）。

5.3 實驗要求

1. 回顧《國際貿易實務》中「國際貨物保險」章節中的「保險單」內容，「出口合同的履行」章節中「製單結匯」的內容，以及「檢驗」章節中「檢驗證書」的內

容。掌握上述單據的基本內容。

2. 通過案例題目的動手操作，掌握投保單、原產地證明及報檢單的填製方法。

3. 完成實驗報告，記錄重點步驟。

5.4 實驗理論基礎

在進出口貿易中，貨物往往要經過長途運輸。在運輸途中，貨物可能會遇到各種風險而導致損失。買方或賣方為轉嫁可能遭受的損失，都要對貨物進行保險。通過向保險公司投保，使貨物在遭受損失后得以補償，因而保險問題也是進出口貿易中必須瞭解和掌握的問題。保險公司對哪些風險導致的貨物損失給予賠償？買方或賣方如何辦理保險？投保什麼險別為好？保險公司承保的範圍何時開始，何時結束？熟練掌握這些問題，無疑是進出口貿易活動必不可少的安全保障。

5.4.1 海上貨物運輸保險承保的範圍

進出口貿易的貨物運輸保險，因運輸方式的不同可分為海上貨物運輸保險、陸上貨物運輸保險、航空貨物運輸保險和郵包運輸保險等，其中最重要的是海上貨物運輸保險。海上貨物運輸保險的範圍包括海上風險、海上損失與費用及外來風險與損失。

1. 海上風險

海上風險一般指海上航行途中發生的或隨附海上運輸所發生的風險。它包括海上發生的自然災害和意外事故，但並不包括海上的一切風險，如海運途中因戰爭引起的損失不含在內。另外，海上風險又不僅僅局限於海上航運過程中發生的風險，還包括與海運相連接的內陸、內河、內湖運輸過程中的一些自然災害和意外事故。

2. 海上損失

海上損失簡稱海損，是指被保險貨物在海運過程中，由海上風險所造成的損失或滅失。就貨物損失的程度而言，海損可分為全部損失和部分損失。全部損失簡稱全損，是指運輸中的整批貨物或不可分割的一批貨物的全部損失；部分損失是指被保險貨物的損失，沒有達到全部損失的程度。部分損失又可分為共同海損和單獨海損兩種。共同海損是指載貨運輸的船舶在運輸途中遭遇自然災害、意外事故等，使船舶、貨物或其他財產的共同安全受到威脅，為了解除共同危險，由船方有意識地、合理地採取救難措施，所直接造成的特殊犧牲和支付的特殊費用。單獨海損是指除共同海損以外的意外損失，即由承保範圍內的風險所直接導致的船舶或貨物的部分損失，該損失僅由各受損方單獨負擔。

3. 海上費用

海上風險除了使貨物本身受到損毀導致經濟損失外，還會造成費用上的損失。保險人即保險公司對這些費用也給予賠償。這主要包括施救費用和救助費用兩種。

4. 外來風險和損失

外來風險與損失是指海上風險以外由於其他各種外來的原因所造成的風險和損失。外來風險和損失包括兩種類型。一種是一般外來風險與損失，是指被保險貨物在運輸途中，由於一般外來原因所造成的偷竊、短量、破碎、雨淋、受潮、受熱、發霉、串

味、沾污、滲漏、鉤損和銹損等風險損失。另一種是特殊外來風險與損失，是指由於軍事、政治、國家政策法令以及行政措施等特殊外來原因所造成的風險與損失。例如，戰爭、罷工，因船舶中途被扣而導致交貨不到，以及貨物被有關當局拒絕進口或沒收而導致的損失等。

除上述各種風險損失外，保險貨物在運輸途中還可能發生其他損失，如運輸途中的自然損耗以及由於貨物本身特點和內在缺陷所造成的貨損等，這些損失不屬於保險公司承保的範圍。

5.4.2 我國海運貨物保險的險別

保險險別是保險人對風險和損失的承保責任範圍，它是保險人和被保險人履行權利和義務的基礎，也是確認保險人承保責任大小和被保險人繳付保險費多少的依據。按《中國人民保險公司海洋運輸貨物保險條款》的規定，我國海運貨物保險的險別包括下列幾種類型：

1. 基本險別

基本險別包括平安險（FPA）、水漬險（WPA）和一切險（All Risks）三種。

其中，平安險是三個基本險別中承保責任範圍最小的一個，承保的具體責任範圍包括：在運輸過程中，自然災害和運輸工具發生意外事故，造成被保險貨物的實際全損或推定全損；運輸工具遭遇擱淺、觸礁、沉沒、互撞、與流冰或其他物體碰撞以及失火、爆炸等意外事故造成被保險貨物的全部或部分損失；在運輸工具已經發生擱淺、觸礁、沉沒、焚毀等意外事故的情況下，貨物在此前或此後又在海上遭受惡劣氣候、雷電、海嘯等自然災害所造成的部分損失；在裝卸轉船過程中，被保險貨物一件或數件落海所造成的全部損失或部分損失；被保險人對遭受承保責任內危險的貨物採取搶救、防止或減少貨損的措施而支付的合理費用，但以不超過該批被救貨物的保險金額為限；運輸工具遭遇自然災害或意外事故，需要在中途的港口或者在避難港口停靠，因而引起的卸貨、裝貨、存倉以及運送貨物所產生的特別費用；發生共同海損所引起的犧牲、分攤和救助費用；運輸契約中有「船舶互撞條款」，按該條款規定應由貨方償還船方的損失。

水漬險的責任範圍除包括上述所列平安險的各項責任外，還負責被保險貨物由於惡劣氣候、雷電、海嘯、地震、洪水等自然災害所造成的部分損失。由此可見，水漬險承保的責任範圍較大，它並不只是承保由於水漬引起的損失。同時，它也不是承保所有水漬引起的損失，例如，淡水所導致的損失不賠償。

一切險的責任範圍除包括平安險和水漬險的所有責任外，還包括貨物在運輸過程中由一般外來原因所造成的被保險貨物的全損或部分損失。投保了一切險，並不是指保險公司承保了一切的風險，海運中的特殊外來原因引起的損失並不包含在內。此外，投保了一切險後不必再投保一般附加險，因為已包含在內，以免支付不必要的保險費。由於一切險承保責任範圍大，其保險費在三種基本險中也最高。

2. 附加險別

在海運保險業務中，進出口商除了投保貨物的上述基本險別外，還可根據貨物的

特點和實際需要，酌情再選擇若干適當的附加險別。附加險別包括一般附加險和特殊附加險。

一般附加險承保由一般外來風險造成的損失，主要有：偷竊及提貨不著險、淡水雨淋險、短量險、混雜沾污險、滲漏險、碰損破碎險、串味險、受熱受潮險、鈎損險、包裝破裂險、銹損險共 11 種。一般附加險不能單獨投保，只能在投保基本險別平安險或水漬險的基礎上加投。

特殊附加險是指承保由於軍事、政治、國家政策法令以及行政措施等特殊外來原因所引起的風險與損失的險別。中國人民保險公司承保的特殊附加險，除包括戰爭險和罷工險，還有交貨不到險、進口關稅險、艙面險、拒收險、黃曲霉素險和出口貨物到中國香港或澳門地區存儲倉火險責任擴展條款。

《中國人民保險公司海洋運輸貨物保險條款》還對以上三種基本險的責任做了具體規定，採用了國際保險業中慣用的「倉至倉條款」（Warehouse to Warehouse，W/W），即保險公司所承擔的保險責任，是從被保險貨物運離保險單所載明的起運港（地）發貨人倉庫開始，一直到貨物到達保險單所載明的目的港（地）收貨人的倉庫時為止。當貨物一進入收貨人倉庫，保險責任即行終止。但是，當貨物從目的港卸離海輪時起算滿 60 天，不論保險貨物有沒有進入收貨人的倉庫，保險責任均告終止。

5.4.3 倫敦保險協會海運貨物保險條款

在國際保險市場上，英國倫敦保險協會所制定的《協會貨物條款》（Institute Cargo Clauses，ICC）對世界各國影響頗大。目前，世界上許多國家在海運保險業務中直接採用該條款，還有許多國家在制定本國保險條款時參照或採用該條款的內容。

《協會貨物條款》最早制定於 1912 年，后來經過修訂，1982 年開始使用新的海運貨物保險條款。新條款共包括六種險別，即 ICC（A）、ICC（B）、ICC（C）、戰爭險、罷工險及惡意損害險。前三種為基本險，但只有惡意損害險不能單獨投保。

協會貨物保險主要險別的保險期限。保險期限亦稱保險有效期，是指保險人承擔保險責任的起止期限。英國倫敦保險協會海運貨物保險條款對保險期限的規定同我國海運貨物保險條款對期限的規定大體相同，也是「倉至倉」。但其規定比我國有關條款的規定更為詳細，在此不再贅述。

5.4.4 進出口商品的檢驗與檢疫

商品檢驗又稱貨物檢驗，是指在國際貨物買賣中，對賣方交付的貨物或擬交付的合同規定的貨物進行質量、規格、數量、重量、包裝等方面的檢驗，同時還包括根據一國法律或政府法令的規定進行的衛生、安全、環境保護和勞動保護等條件的檢驗以及動植物病蟲害檢疫。商品檢驗是國際貿易發展的產物，是買賣雙方在貨物交接過程中不可缺少的重要環節。

1. 檢驗機構

在進出口貿易中，商品的檢驗工作一般由專業的檢驗機構負責辦理。由於檢驗檢疫機構做出的檢驗結果對買賣雙方的關係重大，因此，在合同中必須明確規定由哪個機構承擔檢驗檢疫工作，該商檢機構出具的檢驗證書才能為買賣雙方所接受。較為著

名的檢驗機構有美國官方機構——美國食品藥物管理局（FDA）、當今世界最大的檢驗鑒定公司——瑞士日內瓦通用公證公司（SGS）、日本最大的綜合性商品檢驗鑒定機構——日本海事鑒定協會（NKKK）等。我國的商檢機構原為國家出入境檢驗檢疫局及其分支機構。2001年4月，國家質量監督檢驗檢疫總局成立，主管全國質量、計量、出入境商品檢驗、出入境衛生檢疫、出入境動植物檢疫和認證認可、標準化等工作，是行使行政執法職能的國務院直屬機構。原國家質量技術監督局和原國家出入境檢驗檢疫局的職能合併入總局，但檢驗檢疫職能不變。

2. 檢驗時間和地點

其是指在什麼時間、什麼地點行使對貨物的檢驗權。所謂檢驗權，是指買方或賣方有權對所交易的貨物進行檢驗，其檢驗的結果即作為交付和接收貨物的依據。確定檢驗的時間和地點實際上就是確定買賣雙方由誰行使對貨物的檢驗權，也就是確定檢驗結果以哪一方提供的檢驗證書為準。這直接關係到買賣雙方的切身利益，因而是交易雙方商定檢驗條款時的核心所在。在進出口貿易業務中，各國的規定和做法各不相同。目前，通常有以下幾種規定：第一，在出口國檢驗；第二，在進口國檢驗；第三，出口國檢驗、進口國復驗。

3. 檢驗證書

檢驗檢疫機構對進出口商品檢驗檢疫或鑒定后，根據不同的檢驗結果或鑒定項目簽發的各種書面證明稱為商品檢驗證書。此外，在交易中若買賣雙方約定由生產單位或使用單位出具檢驗證明，該證明也可起到檢驗證書的作用。即檢驗證書是各種進出口商品檢驗證書、鑒定證書和其他證明書的統稱。在進出口貿易中，檢驗證書是有關各方履行契約義務、處理爭議及索賠、仲裁、訴訟舉證的有效證件，也是海關驗放、徵收關稅和優惠減免關稅的必要證明，具有重要的法律地位。檢驗證書主要有以下幾種：品質檢驗證書、重量或數量檢驗證書、包裝檢驗證書、獸醫檢驗證書、衛生/健康證書、產地證明書等。

4. 產地證明書

產地證明書又稱原產地證明，是證明出口商品原產地的證書，是各國執行貿易管制、差別關稅、進口配額制度和海關統計所必需的證書，是出口商品在進口國通關輸入和享受減免關稅優惠待遇和證明商品產地的憑證。

原產地證書可以分為以下幾種：①普惠制原產地證書，是根據普惠制給惠國的原產地規則和有關要求，由普惠制受惠國授權機構出具的具有法律效力的證明文件。它是使受惠國的出口產品在給惠國享受減免進口關稅優惠待遇的憑證。②一般原產地證書，是各國根據各自的原產地規則和有關要求簽發的原產地證書，是進口國海關對進口貨物實施徵稅，進行貿易統計，實施數量限制等管理的重要證明文件。在我國，一般原產地證書是證明中國出口貨物符合中華人民共和國出口貨物原產地規則，貨物系中華人民共和國原產地的證明文件。③區域性經濟集團國家原產地證書是訂有區域性貿易協定的經濟集團內的國家享受互惠的、減免關稅的憑證。如曼谷協定產地證、英聯邦特惠稅產地證、北美自由貿易區產地證等。④專用原產地證書是針對某一特殊行業的特定產品出具的原產地證書，這些產品應符合特定的原產地規則，如蘑菇罐頭產

地證、菸草真實性證書等。

5.5 實驗內容

5.5.1 填製出口貨物運輸保險投保單

1. 步驟

登錄練習系統→查看我的練習→選擇習題→進入答題→完成實驗報告。見圖 5.1。

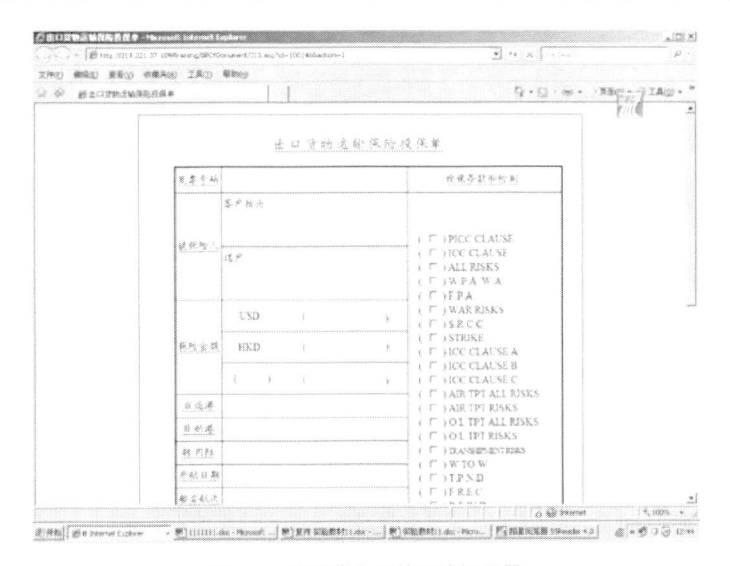

圖 5.1　出口貨物運輸保險投保單

2. 注意事項：

(1) 投保條款和險別

步驟 1：選擇投保條款。

投保條款包括以下兩種，投保時只能選擇一種條款：

PICC Clause（中國人民保險公司保險條款）。

ICC Clause（倫敦協會貨物險條款）。

步驟 2：選擇基本險別。

對應上述投保條款，選擇該條款下的基本險別。基本險別也稱主險，無論使用 PICC 條款還是 ICC 條款，基本險別只能選一種。

PICC 條款的基本險別包括：

All Risks（一切險）。

W. P. A./W. A.（水漬險）。

F. P. A.（平安險）。

其中，一切險承保範圍最大，水漬險次之，平安險最小。

ICC 條款的基本險別包括：

ICC Clause A（協會貨物（A）險條款，相當於 PICC 的一切險）。

ICC Clause B（協會貨物（B）險條款，相當於 PICC 的水漬險）。

ICC Clause C（協會貨物（C）險條款，相當於 PICC 的平安險）。

步驟 3：選擇附加險。

在本張投保單中，附加險包括：

War Risks（戰爭險）。

S. R. C. C.（罷工、暴動、民變險）。

Strike（罷工險）。

Transhipment Risks（轉運險）。

W to W（倉至倉條款）。

T. P. N. D.（偷竊、提貨不著險）。

F. R. E. C.（存倉火險責任擴展條款）。

R. F. W. D（淡水雨淋險）。

Risks of Breakage（包裝破裂險）。

I. O. P.（不計免賠率）。

此外還應注意：

附加險不能單獨投保，可在投保一種基本險的基礎上，根據貨運需要加保其中的一種或若干種。投保了一切險後，因一切險中已包括了所有一般附加險（如：倉至倉條款；偷竊、提貨不著險；淡水雨淋險；包裝破裂險；不計免賠率）的責任範圍，所以只須在特殊附加險（如：戰爭險；罷工、暴動、民變險；存倉火險責任擴展條款）中選擇加保。

「戰爭險」只能在投保主險的基礎上加保。

到目的港后需轉內陸運輸的貨物，加保「轉運險」。

（2）被保險人

被保險人就是保險合同的受益人。在貨運保險中，被保險人往往與投保人是同一人。例如，在 CIF 價格條件下，出口商負責投保，若信用證或合同無特殊規定，則出口商就是被保險人。但出口商在交單議付時，須背書轉讓保險單，使買方（進口商）受讓保險利益。

保險單的轉讓有以下原則：

海運貨物保險單可以不經保險人同意自由轉讓。

海上保險單的轉讓必須在保險標的所有權轉移之前或轉移的同時進行。

在海上保險單辦理轉讓時，無論損失是否發生，只要被保險人對保險標的仍然具有可保利益，保險單均可有效轉讓。

保險單的受讓人享有與原被保險人在保險單下享有的相同的權利和義務。

保險單的轉讓，可以採取由被保險人在保險單上背書或其他習慣方式進行。

（3）保險金額

如果貨物出了意外，保險公司賠償的上限是投保人申報的保險金額。

出口交易中，在以 CIF（或 CIP）價格成交的情況下，出口商要辦理投保。

保險金額=CIF（CIP）貨價×（1+保險加成率）

由於保險金額的計算是以 CIF（或 CIP）貨價為基礎的，因此，對外報價時如果需要將 CFR（或 CPT）價格變為 CIF（CIP）價格，應先按如下公式換算后再求出相應的保險金額和保險費：

由 CFR 換算成 CIF 價：CIF=CFR÷［1-（1+保險加成率）×保險費率］

提示：在進出口貿易中，根據有關的國際貿易慣例，保險加成率通常為 10%，投保人也可以根據交易對象的要求與保險公司約定不同的保險加成率。

（4）賠款地點

嚴格按照信用證規定打制。如來證未規定，則應打目的港。如信用證規定不止一個目的港或賠付地，則應全部照打。

（5）正本份數

中國人民保險公司出具的保險單 1 套 5 份，由 1 份正本 Original、1 份副本 Duplicate 和 3 份副本 Copy 構成。具體如下：

① 來證要求提供保單為「In Duplicate」或「In Two Folds」或「In 2 Copies」，則應提供 1 份正本 Original、1 份副本 Duplicate 構成全套保單。

② 根據跟單信用證 No. 500 規定，如保險單據表明所出具正本為 1 份以上，則必須提交全部正本保單。

5.5.2 填製原產地證書

1. 步驟

登錄練習系統→查看我的練習→選擇習題→進入答題→完成實驗報告。見圖 5.2。

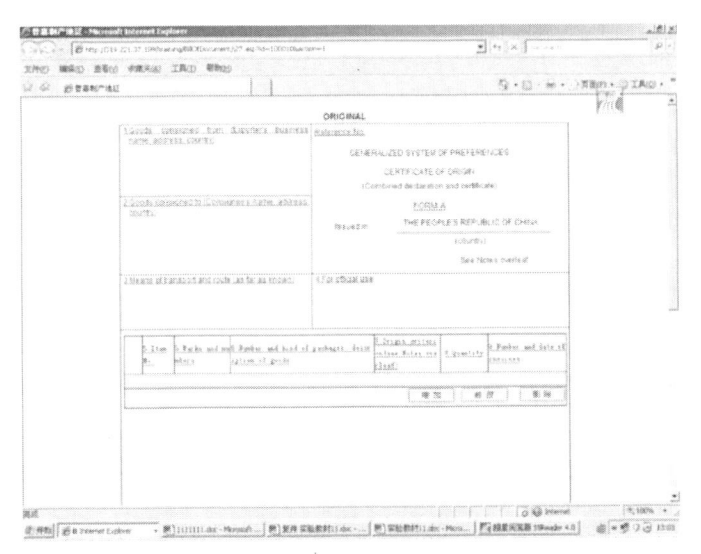

圖 5.2　普惠制產地證練習界面

2. 注意事項

（1）出口商的名稱、地址和國別

按實際情況詳細填寫。若屬信用證項下，應與規定的受益人名址、國別一致。需注意的是，本欄目的最后一個單詞必須是國家名。如為第三方發貨，須與提單發貨人一致。

例如：CHINA NATIONAL LIGHT INDUSTRIAL PRODUCTS
IMPORT & EXPORT CORP.
NO. 82 DONGANMENT STREET. BEIJING, CHINA

注意：此欄是帶有強制性的。應填明中國出口單位的名稱地址等。不能出現香港、臺灣、澳門地區及其他受惠國等名稱和地址。

（2）進口商的名稱、地址和國別

填寫實際給惠國的最終目的地收貨人名址、國別，例如：「JEBSON & JESSEN. LANCEMUHREN 9, F-2000, HAMBURG, F. R. G」，不得填中間商的名址。

注意：信用證無其他規定時，收貨人一般即為開證申請人。

若信用證申請人不是實際收貨人，而又無法明確實際收貨人，可以提單的被通知人作為收貨人。

如果進口國為歐共體成員國，本欄可以留空或填「To be ordered」。另外，日本、挪威、瑞典的進口商要求簽發「臨時」證書時，簽證當局在此欄加蓋「臨時（PROVISIONAL）」紅色印章。

（3）原產地標準

填寫貨物原料的成分比例。此欄用字最少，但卻是國外海關審證的核心項目。對含有進口成分的商品，因情況複雜，國外要求嚴格，極易弄錯而造成退證，故應認真審核。一般規定說明如下：

「P」：完全自產，無進口成分，使用「P」。

「W」：含有進口成分，但符合原產地標準，填「W」。

「F」：對加拿大出口時，含進口成分占產品出廠價40%以內者，都使用「F」。

空白：出口到澳大利亞、新西蘭的貨物，此欄可留空不填。

注意：含有進口原料成分的商品，發往瑞士、挪威、芬蘭、瑞典、奧地利等歐盟成員國及日本時，都使用「W」，並在字母下方標上產品的CCCN稅則號（布魯塞爾稅則）；發往加拿大出口的商品，產品含有進口成分占產品出廠價40%以內者，使用「F」；發往澳大利亞、新西蘭的商品，此欄可以空白；發往俄羅斯、白俄羅斯、烏克蘭、哈薩克斯坦、捷克、斯洛伐克時，都填寫「Y」，並在字母下面標上百分比（占產品離岸價格的50%以下）。

（4）SAY TOTAL

填寫量值（Quantity）的英文大寫，注意要註明單位。

例如：ONE THOUSAND SEVEN HUNDRED CARTONS ONLY。

（5）簽證當局的證明

此欄由簽發此證的商檢局蓋章、授權人手簽、並填列出證日期和地點。例如：BEIJING IMP&EXP COMMODITY INSPECTION BUREAU OF THE PEOPLE'S REPUBLIC OF CHINA NANJING JAN. 20, 1995. 同時還需附上授權簽證人手簽，簽證當局公章等。

注意：本證書只在正本上簽章，不簽署副本。簽發日期不得早於第10欄發票日期和第12欄的申報日期，也不得晚於提單的裝運日期。手簽人的字跡必須清楚，手簽與簽證章在證面上的位置不得重疊。

（6）出口商的申明

出口商的申明包括出口方聲明、簽字、蓋章欄。

在特殊情況下，出口至歐洲聯盟，進口國別不明確時可填「EC」或「EU」。申請單位必須在此欄加蓋公司印章，並由經簽證機構培訓、審核、認可的手簽人員手簽。公司印章應為中英文對照，蓋章時不要覆蓋進口國名稱和手簽人姓名。

注意：此欄日期不得早於發票日期（第10欄），不得遲於簽證機構簽發日期（第11欄）；在證書正本和所有副本上蓋章時避免覆蓋進口國名稱和手簽人姓名；國名應是正式的和全稱的。

5.5.3 填製原產地證書

1. 步驟

登錄練習系統→查看我的練習→選擇習題→進入答題→完成實驗報告。見圖5.3。

圖5.3 出境貨物報檢單練習界面

2. 注意事項

（1）報檢單位（加蓋公章）、登記號、聯繫人、電話

填寫報檢單位全稱並加蓋公章或報驗專用章（或附單位介紹信），並準確填寫本單

位報檢登記代碼、聯繫人及電話；代理報檢的應加蓋代理報檢機構在檢驗機構備案的印章。

（2）發貨人

填寫合同上的賣方或信用證上的受益人，要求用中文、英文，填寫時要一致。

（3）收貨人

填寫合同上的買方或信用證的開證人。

若無中文名稱，「中文」項可為空不填。

（4）H.S. 編碼

按《商品分類及編碼協調制度》8 位數字填寫，如毛絨玩具的 H.S. 編碼為 95034100。

在本系統中，H.S. 編碼可到「海關稅則」中查詢。

（5）隨附單據

出口商品在報驗時，一般應提供外貿合同（或售貨確認書及函電）、信用證原本的複印件或副本，必要時提供原本。合同如果有補充協議的，要提供補充的協議書。合同、信用證有更改的，要提供合同、信用證的修改書或更改的函電。對訂有長期貿易合同而採取記帳方式結算的，外貿進出口公司每年一次將合同副本送交商檢機構。申請檢驗時，只在申請單上填明合同號即可，不必每批附交合同副本。凡屬危險或法定檢驗範圍內的商品，在申請品質、規格、數量、重量、安全、衛生檢驗時，必須提交商檢機構簽發的出口商品包裝性能檢驗合格單證，商檢機構憑此受理上述各種報驗手續。

5.6 實驗思考題

1. 投保單與保險單的關係是什麼？
2. 原產地證明的作用是什麼？原產地分為哪幾類？
3. 報檢單與商品檢驗證書的關係是什麼？

實驗項目六　報關單及匯票的填製

6.1 實驗目的

讓學生熟練掌握報關單及匯票內容和填製方法。

6.2 實驗使用的儀器設備（軟件）

南京世格外貿練習系統（Training）。

6.3 實驗要求

1. 回顧相關理論，明確《國際貿易實務》課程中「安排裝運」及「製單結匯」的

內容，「支付工具」章節中「匯票」的內容，並掌握報關單和匯票的基本內容。

2. 通過案例題目的動手操作，掌握單據填製方法。

3. 完成實驗報告，記錄重點步驟。

6.4 實驗理論基礎

6.4.1 報關

報關是指貨物通過關境前向海關辦理申報手續。按照我國《海關法》規定：凡是進出國境的貨物，必須經由設有海關的港口、車站、國際航空站進出，並由貨物的發貨人或其代理人向海關如實申報，交驗規定的單據文件，請求辦理查驗放行手續。經過海關放行后，貨物才可提取或裝運出口，承運船舶憑經海關蓋章放行的裝貨單接貨裝船。

目前，我國的出口企業在辦理報關時，可以自行辦理報關手續，也可以通過專業的報關經紀行或國際貨運代理公司來辦理。無論是自行報關，還是由報關行來辦理，都必須填寫出口貨物報關單，必要時，還須提供出口合同副本、發票、裝箱單或重量單、商品檢驗證書及其他有關證件。

6.4.2 進出口貨款的收付

在進出口貿易中，選取合適、恰當的支付方式才能安全、迅速地收回貨款。然而，在進出口貿易中，貨款的收付不僅要考慮支付方式的選擇問題，還要考慮支付工具的選擇，各種支付方式的結合使用等內容，這些共同構成了支付條件，關係到買賣雙方的利益，因此應當在合同中加以明確。

1. 支付工具

在進出口貿易中，有貨幣和金融票據兩種支付工具。但是，在實際操作中，採用現金結算非常不方便，而且風險大、週轉慢，所以國際貨款的收付一般都使用信用工具或支付憑證來結算國際的債權債務，即採用非現金結算的票據方式。金融票據主要包括匯票、本票和支票。在進出口貿易中，匯票的使用最為廣泛。

根據各國廣泛引用和參照的英國《票據法》規定：「匯票是一人向另一人出具的無條件書面命令，要求對方見票時或在某一規定的時間或可以確定的時間，向某一特定人或其指定人或持票人支付一定的金額。」各國票據法對匯票記載事項都有一定要求，但規定各有不同，一般包含以下幾項：①記載表明「匯票」的字樣；②無條件支付命令；③確定的金額，例如，匯票上不允許出現「付人民幣拾萬元左右」等不確定的記載；④付款人姓名；⑤收款人姓名；⑥出票日期；⑦出票人簽章，指匯票必須有出票人的簽名、蓋章或簽名加蓋章方能生效；⑧出票地；⑨付款地；⑩到期日。

2. 支付方式

常見的支付方式包括匯付、托收和信用證。

信用證是開證銀行根據開證申請人的請求或以其自身的名義向受益人開立的承諾在一定期限內憑規定的單據支付一定金額的書面文件。簡而言之，信用證是一種銀行

開立的有條件的付款憑證。銀行付款的條件就是受益人必須提交符合信用證規定的各種單據。在符合條件的情況下，銀行將向受益人付款或承兌其出具的遠期匯票並到期付款。付款的方式有三種：開證行直接付款、開證行指定另一家銀行付款、開證行授權另一家銀行議付。

與前面所述托收和匯付兩種支付手段不同，信用證支付方式屬於銀行信用。使用前兩種支付方式，進出口雙方都會擔心對方不履行合同義務而使自己遭受損失，不利於進出口貿易的發展；而在信用證業務中，只要出口人按照信用證的要求提交單據，銀行即保證付款。因此，建立在銀行信用基礎之上的信用證支付方式在國際貨物買賣中被廣泛應用，成為進出口貿易中普遍採用的一種主要的支付方式。目前，我國在進出口貿易中，也以信用證為主要支付方式。

信用證的開證形式主要有信開和電開兩種。信開是指開證行採用印刷的信函格式開立信用證正本一份和副本若干份，航空郵寄給通知行。這種形式現在已經很少使用。電開是指開證行將信用證內容加密押後，通過電報、電傳、傳真等電信工具將信用證傳達給通知行。電開包括簡電、全電和 SWIFT 信用證。其中，SWIFT 信用證是採用 SWIFT 系統開出的信用證。採用 SWIFT 信用證，必須遵守 SWIFT 使用手冊的規定，而且信用證必須遵照國際商會制定的《UCP600》的規定。這種信用證具有標準化和格式化的特點，而且傳送速度快、成本低，現已被西北歐、美洲和亞洲等地區的銀行廣泛使用。在我國銀行的電開信用證或收到的信用證電開本中，SWIFT 信用證占了很大比例。

6.4.3 製單、結匯

出口貨物裝運之后，出口商即應按信用證要求繕製單據，並在信用證規定的交單有效期內向有關銀行辦理議付、結匯手續。出口商填寫出口結匯申請書，開具發票，連同整套貨運單據送交當地銀行辦理結匯手續。

出口商提供的結匯單據應嚴格符合信用證的要求。一般來說，信用證結匯的主要單據有：匯票、商業發票、提單、原產地證明書、商品檢驗證書、保險單等。

提高繕製結匯單據的質量，對保證安全、迅速收匯具有十分重要的意義。特別是在信用證付款條件下，必須單證一致、單單相符。否則，銀行和進口商就有可能拒收單據和拒付貨款。為了確保安全、迅速收匯，繕製單據時，必須體現正確、完整、及時、簡明、整潔的要求。

6.5 實驗內容

6.5.1 填製出口貨物報關單

1. 步驟

登錄練習系統→查看我的練習→選擇習題→進入答題→完成實驗報告。見圖 6.1。

圖 6.1　填製報關單界面

2．注意事項

（1）經營單位

經營單位指對外簽訂並執行出口貿易合同的中國境內企業或單位。本欄目應填報經營單位名稱及經營單位編碼。經營單位編碼為十位數字，指進出口企業在據地主管海關辦理註冊登記手續時，海關給企業設置的註冊登記編碼。

特殊情況下確定經營單位原則如下：

簽訂和執行合同如為兩個單位，如加工貿易合同，填報執行合同的單位。

援助、贈送、捐贈的貨物，填報直接接收貨物的單位。

進出口企業之間相互代理進出口，或沒有進出口經營權的企業委託有進出口經營權的企業代理進出口的，以代理方為經營單位。

外商投資企業委託外貿企業進口投資設備、物品的，外商投資企業為經營單位。

（2）發貨單位

發貨單位指出口貨物在境內的生產或銷售單位，包括自行出口貨物的單位、委託有外貿進出口經營權的企業出口貨物的單位。本欄目應填報發貨單位的中文名稱及其海關註冊編碼，無海關註冊編碼的，填報該企業的國家標準標示碼。

（3）貿易方式

在填寫貿易方式名稱后加填編碼。

貿易方式共分為 7 種：一般貿易（即正常貿易），寄售、代銷貿易，對外承包工程，來料加工，免費廣告品、免費樣品，索賠、換貨、補貿，進口貨退回。

貿易方式編碼如下：

10——一般貿易。

11——國家間、聯合國及國際組織無償援助物資及贈送品。

12——華僑、港澳同胞、外籍華人捐贈品。

13——補償貿易。

14——來料加工裝配貿易（對口合同除外）。

15——進料加工貿易。

16——寄售、代銷貿易。

17——對口合同的來料加工裝配貿易。

19——邊境地方貿易。

29——其他。

(4) 指運港

指運港指出口貨物運往境外的最終目的港。最終目的港不得預知的，可按盡可能預知的目的港填報。本欄目應根據實際情況按海關規定的港口航線代碼表選擇填報相應的港口中文名稱或代碼。

(5) 徵免性質

徵免性質指海關對進出口貨物實施徵、減、免稅管理的性質類別。本欄目應按照海關核發的徵免稅證明中批註的徵免性質填報或根據實際情況按海關規定的徵免性質代碼表選擇填報相應的徵免性質簡稱或代碼。一份報關單只允許填報一種徵免性質，否則應分單填報。

6.5.2 填製匯票

1. 步驟

登錄練習系統→查看我的練習→選擇習題→進入答題→完成實驗報告。見圖 6.2。

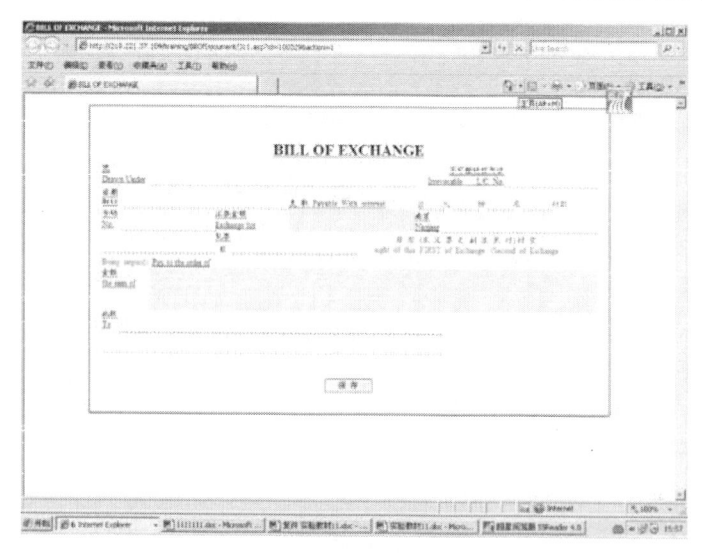

圖 6.2　填製匯票練習界面

2. 注意事項：

(1) 出票條款 (Drawn Under)

出票條款又稱出票根據，要求填寫開證行名稱與地址。除信用證規定可以用縮寫

外，需根據信用證寫出開證行全稱及地址。如信用證未要求，則應填開證行名稱、地址、開證日期。另在出票條款中，按信用證要求也可加註利息條款和費用條款。

另有些匯票，尤其是國外商人出具的匯票往往印有「value received」或「value received and charge the same to account of ×××」，它后面常加開證申請人，表示從議付行得到的匯票金額從開證申請人帳戶列支，所謂「對價收訖」。還有的來證要求在匯票內註明「Documents against payment，D/P」（憑單付款），則可在此欄中加註。

托收方式下，此欄的規範制法一般應列出其編號合同項下裝運若干數量的某商品辦理托收，即「Drawn under Contract No. ×× against shipment of ××× （包裝）of ××× （商品） for collection.」實務操作中，本條款亦可省略不填。

（2）信用證號碼（L/C No.）

此欄用於填寫信用證的準確號碼。

提示：電開信用證查「DOC. CREDIT NUMBER ＊ 20:」項，信開信用證查「CREDIT NUMBER」項。

（3）開證日期（Date）

此欄用於填寫信用證的準確開證日期，而非出具匯票的日期。

提示：電開信用證可查「DATE OF ISSUE 31 C:」項，信開信用證可查「DATE」項。

（4）利息條款（Interest）

如果信用證中規定有匯票利息條款，則匯票上必須明確反應出來，匯票上的利息條款一般包括利率和計息起訖日期等內容。

註：利息條款通常在遠期匯票情況下使用。

（5）匯票金額（Exchange For）

此處要用數字小寫表明。填寫小寫金額，一般要求匯票金額使用貨幣縮寫和用阿拉伯數字表示金額小寫數字。例如：USD 1,234.00。除非信用證另有規定，匯票金額不得超過信用證金額，而且匯票金額應與發票金額一致，匯票幣別必須與信用證規定和發票所使用的幣別一致。

提示：本系統將幣別與金額分別列出，使用者在填寫此項時，注意第一列填幣別，第二列填金額。若找不到這兩列的輸入位置，可將鼠標移開（此時鼠標形狀為箭頭）並點擊任意處，再同時按住鍵盤的 Ctrl 鍵和 A 鍵，如此可查看輸入區域；或者，鼠標點擊該項的空白處（此時鼠標形狀為箭頭），按鍵盤 TAB 鍵也可切換到輸入位置。

注意：在本系統中，小寫金額不能以千分號（,）來分隔。

（6）出票日期和地點

匯票的出票日期不得遲於信用證的有效日期，但也不得遲於信用證的最后交單期。匯票的出票地點一般為出口公司的所在地。

例如：DEC. 2, 2002 SHANGHAI, CHINA。

（7）受款人（Payee）

匯票的抬頭人就是匯票的受款人，抬頭可以做成限制性抬頭、指示性抬頭、持票人或來票人抬頭。在信用證業務中，匯票的抬頭人經常被做成信用證的受益人或議付

行或其指定人。

如果做成受益人（出口公司）或其指定人抬頭，受益人向銀行交單時應在匯票背書，將匯票轉讓給銀行。

如果做成議付行或其指定人抬頭，受益人向銀行交單時則不需要將匯票背書。

一般情況下，匯票的抬頭有以下三種寫法：

指示性抬頭（Demonstrative Order）。例如：「付××公司或其指定人」（Pay ×× Co., or order; pay to the order of ×× Co.,）；「付給××銀行的指定人」（Pay to the order of ×× BANK）；「付給××銀行或其指定人」（Pay to ××BANK or order）。

限制性抬頭（Restrictive Order）。例如：「僅付××公司（Pay ×× Co. only）或「付××公司，不準流通」（Pay ×× Co. Not negotiable）。

持票人或來票人抬頭（Payable To Bearer）。例如，「付給來人」（Pay to bearer）。這種抬頭的匯票無須持票人背書即可轉讓。

在我國對外貿易中，指示性抬頭使用較多，在信用證業務中要按照信用證規定填寫。若來證規定「由中國銀行指定」或來證對匯票受款人未規定，此應填上：「Pay to the order of Bank of China」（由中國銀行指定）；若來證規定「由開證行指定」，此欄應填上「Pay to the order of ×× Bank」（開證行名稱）。

(8) 匯票金額（The Sum Of）

要用文字大寫表明。填大寫金額，先填寫貨幣全稱，再填寫金額的數目文字，句尾加「only」相當於中文的「整」字。例如，United States Dollars One Thousand Two Hundred And Thirty Four Only. 大寫金額應端正地填寫在虛線格內，不得塗改，且必須與匯票的小寫金額一致。除非信用證另有規定，匯票金額不得超過信用證金額，而且匯票金額應與發票金額一致，匯票幣別必須與信用證規定和發票所使用的幣別一致。

(9) 付款人（To）

付款人又稱受票人。根據UCP500規定，信用證方式的匯票以開證行或其指定銀行為付款人，不應以申請人為匯票的付款人。如果信用證要求以申請人為匯票的付款人，銀行將視該匯票為一份附加的單據；而如果信用證未規定付款人的名稱，匯票付款人亦應填開證行名稱。

在信用證業務中，匯票付款人是按信用證「draw on ××」「draft on ××」或「drawee」確定。例如：「… available by beneficiary's draft (s) on applicant」條款表明，以開證申請人為付款人；又如：「… available by draft (s) drawn on us」條款表明，以開證行為付款人；再如「drawn on yourselves/you」條款表明以通知行為付款人。信用證未明確付款人名稱者，應以開證行為付款人。

6.6 實驗思考題

1. 報關單的作用是什麼？
2. 何時辦理報關？如何辦理報關手續？
3. 匯票的主要內容是什麼？使用流程是什麼？

第二部分　流程模擬實驗項目

實驗項目七　SimTrade 實習平臺及進出口預算表的填寫

7.1　實驗目的

登錄 SimTrade 系統，瞭解 SimTrade 實習平臺的基本使用方法，並熟悉操作環境和每個角色的具體工作，明確進出口預算表的相關內容及計算方法，尋找業務合作夥伴，使用郵件系統建立初步的業務聯繫。

7.2　實驗使用的儀器設備（軟件）

南京世格外貿練習系統（SimTrade）。

7.3　實驗要求

1. 明確實習平臺的操作環境，熟悉各個按鈕的功能。
2. 熟悉出口預算表內容，掌握各項目數據的計算。
3. 完成實驗報告，記錄重點步驟及實驗心得。

7.4　操作界面簡介

7.4.1　登錄程序

打開實習平臺界面，填寫用戶名、密碼並選擇相應角色登錄。

7.4.2　按鈕功能

1. 出口商界面（見圖 7.1）

圖 7.1　出口商練習界面

如圖所示：

按鈕左 1：首頁。進行各按鈕間的轉換。

按鈕左 2：資料。進行出口商角色基本資料的填寫。

按鈕左 3：財務。顯示註冊資金及庫存資產，隨著流程自動顯示業務內容。

按鈕左 4：庫存。顯示庫存產品名稱、數量及庫存成本，隨著流程自動顯示業務內容。

按鈕左 5：業務中心。業務操作的主要按鈕，流程的各項操作基本都在該按鈕下完成，進入后尋找不同業務對象的建築，點擊進行不同業務操作。

按鈕左 6：業務日誌。隨著流程的進行系統自動更新。

按鈕左 7：我的郵件。用來收發業務郵件。

按鈕左 8：淘金網。查詢界面，包括產品信息、公司庫、銀行、運費、保險費、稅率等業務信息的查詢。

按鈕左 9：幫助。實驗助手，包括履約流程步驟參考、單據樣本等實驗信息的支持。

按鈕左 10：退出。安全退出按鈕，防止程序占用。

7.5　出口預算表的填寫

7.5.1　合同金額

合同金額即雙方議定的合同金額，注意須換算成本幣。

例如：商品 01005 甜玉米罐頭，合同金額定為 USD 16,000，查到當前美元（USD）的匯率為 6.826,1，試換算為本幣。

解：合同金額 = 16,000×6.826,1 = RMB 109,217.6

7.5.2 採購成本

通過郵件和工廠聯絡，詢問採購價格，用以成本核算。

例如：商品 01005 甜玉米罐頭，工廠報價為每隻 RMB80，求採購 971 隻的成本。

解：採購成本 = 80×971 = RMB 77,680

7.5.3 FOB 總價

FOB 總價即交易雙方在簽訂合同時所訂的貨物 FOB 價總金額。此處出口商在出口報價時就應綜合考慮，首先計算出採購成本，然后加上各項費用支出（可大致估算），並給出一定的利潤空間，在此基礎上進行報價。如不是 FOB 價，則要進行換算。

由 CFR 換算成 FOB 價：FOB = CFR － 海運費。

由 CIF 換算成 FOB 價：FOB = CIF － 海運費 － 保險費。

注意：全額須換算成本幣，匯率可在「淘金網」的「銀行」頁查到。

如：假設該筆合同 FOB 總價為 USD 26,500，在「銀行」頁中，查到當前美元（USD）的匯率為 6.826,1。

則該欄應填入的金額為：26,500×6.826,1 = 180,891.65

7.5.4 內陸運費

在「淘金網」的「其他費用」中，查到內陸運費率為 RMB60/立方米（立方米即 CBM）。

可得：內陸運費 = 出口貨物的總體積×60。

總體積算法請參考「基本計算」。

7.5.5 報檢費

在「淘金網」的「其他費用」中，查到報檢費率為 RMB200/次。

可得：報檢費 = RMB200。

7.5.6 報關費

在「淘金網」的「其他費用」中，查到報關費為 RMB200/次。

可得：報關費 = RMB200。

7.5.7 海運費

在出口交易中，採用 CFR、CIF 貿易術語成交的條件下，出口商需核算海運費。如為 FOB 方式，則此欄填「0」。

在出口交易中，集裝箱類型的選用，貨物的裝箱方法對於出口商減少運費開支起著很大的作用。集裝箱的尺碼、重量，貨物在集裝箱內的配裝、排放以及堆棧都有一定的講究，需要在實踐中摸索。

1. 運費計算的基礎

運費單位（Freight Unit）是指船公司用以計算運費的基本單位。由於貨物種類繁多，打包情況不同，裝運方式有別，因此計算運費標準不一。

A 整箱裝：以集裝箱為運費的單位，在 SimTrade 中有 20′集裝箱與 40′集裝箱兩種。

20′集裝箱的有效容積為25立方米，限重17.5噸，40′集裝箱的有效容積為55立方米，限重26噸。

B 拼箱裝：由船方以能收取較高運價為準，運價表上常註記 M/W 或 R/T，表示船公司將就貨品的重量噸或體積噸二者中擇其運費較高者計算。

拼箱裝時計算運費的單位為：

(1) 重量噸（Weight Ton）：按貨物總毛重，以一噸為一個運費噸。

(2) 體積噸（Measurement Ton）：按貨物總毛體積，以一立方米（1 Cubic Meter；簡稱 1MTQ 或 1CBM 或 1CUM；又稱一才積噸）為一個運費噸。

在核算海運費時，出口商首先要根據報價數量算出產品體積，再到「淘金網」的「運費查詢」頁，找到對應該批貨物目的港的運價。如果報價數量正好夠裝整箱（20′集裝箱或40′集裝箱），則直接取其運價為基本運費；如果不夠裝整箱，則用產品總體積（或總重量，取運費較多者）×拼箱的價格來算出海運費。

2. 運費分類計算方法

(1) 整箱裝：整箱運費分三部分，總運費＝三部分費用的和。

①基本運費

基本運費＝單位基本運費×整箱數

②港口附加費

港口附加費＝單位港口附加費×整箱數

③燃油附加費

燃油附加費＝單位燃油附加費×整箱數

(2) 拼箱裝：拼箱運費只有基本運費，分按體積與重量計算兩種方式

①按體積計算，X1＝單位基本運費（MTQ）×總體積

②按重量計算，X2＝單位基本運費（TNE）×總毛重

取 X1、X2 中較大的一個。

例如：商品08003（兒童踏板車）要出口到加拿大，目的港是多倫多港口。試分別計算交易數量為1,000輛和2,604輛的海運費。

解：

第1步：計算產品體積與重量。

在「淘金網」的「產品展示」中，查到商品08003的體積是每箱0.057,6CBM，每箱毛重21KGS，每箱裝6輛。根據查到的產品資料，先計算產品體積。

報價數量為1,000輛

總包裝箱數＝1,000÷6＝166.6，取整167箱

總體積＝167×0.057,6＝9.6（CBM）

總毛重＝1,000÷6×21＝3,500KGS＝3.5（噸）

報價數量為2,604輛

總包裝箱數＝2,604÷6＝434，總體積＝434×0.0576＝24.998（CBM）

總毛重＝2,604÷6×21＝9,114KGS＝9.114（噸）

第 2 步：查運價。

在「淘金網」中「運費查詢」裡，查到運至加拿大多倫多港的基本運費為：每 20′集裝箱 USD3290，每 40′集裝箱 USD4,410，拼箱每體積噸（MTQ）USD151，每重量噸 USD216。

港口附加費為：每 20′集裝箱 USD132，每 40′集裝箱 USD176。

燃油附加費為：每 20′集裝箱 USD160，每 40′集裝箱 USD215。

此外，在「淘金網」中「銀行」頁，可查到美元的匯率為 6.826,1。

根據第 1 步計算出的結果來看，比照集裝箱規格，1,000 輛的運費宜採用拼箱，2,604 輛的海運費宜採用 20′集裝箱。

報價數量為 1,000 輛，按體積計算基本運費 = 9.6×151 = 1,449.6（美元）

按重量計算基本運費 = 3.5×216 = 756（美元）

兩者比較，體積運費較大，船公司收取較大者，則基本運費為 USD1,449.6。

總運費 = 1,449.6×6.826,1 = 9,895.11（RMB）

報價數量為 2,604 輛，由於體積和重量均未超過一個 20′集裝箱的體積與限重，所以裝一個 20′集裝箱即可

總運費 = 1×（3,290+132+160）×6.826,1
　　　= 3,582×6.826,1
　　　= 24,451.09（元）

7.5.8　保險費

出口交易中，在以 CIF 條件成交的情況下，出口商需要到「淘金網」中「保險費」頁查詢保險費率，用以核算保險費。如系 CFR 或 FOB 方式，此欄填「0」。計算公式如下：

保險費 = 保險金額×保險費率

保險金額 = CIF 貨價×（1+保險加成率）

在進出口貿易中，根據有關的國際慣例，保險加成率通常為 10%，出口商也可根據進口商的要求與保險公司約定不同的保險加成率。

例：商品 03001 的 CIF 總價為 USD8,937.6，進口商要求按成交價格的 110%投保協會貨物保險條款（A）（保險費率 0.8%）和戰爭險（保險費率 0.08%），試計算出口商應付給保險公司的保險費用。

解：保險金額 = 8,937.6×110% = 9,831.36（美元）

保險費 = 9,831.36×（0.8%+0.08%）= 86.52（美元）

查美元的匯率為 6.826,1，換算人民幣 = 86.52×6.826,1 = 590.59（元）

注意：①因一切險（或 A 險）已包括了所有一般附加險的責任範圍，所以在投保一切險（或 A 險）時，保險公司對一般附加險的各險別不會再另收費。投保人在計算保險金額時，一般附加險的保險費率可不計入。

②基本險只能選擇一種投保，特殊附加險則在基本險的基礎上加保，如果同時加保特殊附加險中的戰爭險和罷工險，費率只按其中一項計算，不累加（即同時投保戰爭險和罷工險，費率仍是0.80‰，而不是1.60‰）。

7.5.9 核銷費

在「淘金網」的「其他費用」中，查到核銷費為RMB10/次。

可得：核銷費＝RMB 10。

7.5.10 銀行費用

不同的結算方式，銀行收取的費用也不同（其中T/T方式出口地銀行不收取費用），通常為總金額×銀行費率，在「淘金網」的「其他費用」中可以查到相關費率。

例如：合同總金額為USD28,846.4時，分別計算在L/C、D/P、D/A方式下的銀行費用（假設L/C方式時修改過一次信用證）。

解：

第1步：查詢費率。

在「淘金網」的「其他費用」頁中查得L/C通知費RMB200/次、修改通知費RMB100/次、議付費率0.13%（最低200元）、D/A費率0.1%（最低100元，最高2,000元）、D/P費率0.1%（最低100元，最高2,000元）。

第2步：查詢匯率。

在「銀行」頁中，查到美元的匯率為6.826,1。

第3步：計算銀行費用。

L/C銀行費用＝28,846.4×0.13%×6.826,1 + 200 + 100 = 255.98 + 300 = 555.98（元）

D/P銀行費用＝28,846.4×0.1%×6.826,1 = 196.91（元）

D/A銀行費用＝28,846.4×0.1%×6.826,1 = 196.91（元）

7.5.11 其他費用

本欄主要包括的費用有：公司綜合費用、檢驗證書費、郵費及產地證明書費。其中檢驗證書費為出口商在填寫出境報檢單時，所申請的檢驗證書，如健康證書、植物檢疫證書等，每張證書收費200元。郵費則是在T/T方式下出口商向進口商郵寄單據時按次收取，每次28美元。

以上各項費用都可以在「淘金網」的「其他費用」頁面中查到，根據本次合同的實際狀況累加填入本欄中。

例如：T/T方式下合同總金額為USD8,846.4時，請計算本欄應填入的金額。假設本次合同中申請了一張健康證書、一張原產地證明書，並寄送過一次貨運單據給進口商。

解：

第1步：查詢費率。

在「淘金網」的「其他費用」頁面中查得出口商公司綜合費率 5%、證明書費 RMB200/份、郵費 USD28/次。

第 2 步：查詢匯率。

在「銀行」頁中，查到美元的匯率為 6.826,1。

第 3 步：計算其他費用。

其他費用 = 8,846.4×5%×6.826,1 + 200 + 200 + 28×6.826,1

= 3,019.32 + 400 + 191.13

= 369.45（元）

7.5.12 退稅收入

在「淘金網」的「稅率」頁面中，輸入商品海關編碼進行查詢（例如輸入商品 10001 的海關編碼 33041000，查到出口退稅率為 17%，消費稅從價計，為 30%）。如果一筆合同涉及多項商品，則須分別計算再累加。

可得：商品出口退稅收入 = 應退增值稅 + 應退消費稅 = 採購成本/（1+增值稅率）×出口退稅率 + 採購成本×消費稅稅率

7.5.13 利潤

將以上各項收入與支出合起來運算，即可算出。

計算公式為：利潤 = 合同金額+退稅收入-採購成本-內陸運費-報檢費-報關費-海運費-保險費-核銷費-銀行費用-其他費用

7.6 實驗思考題

1. 一筆進出口貿易中會涉及哪些環節和哪些部門？
2. CIF+L/C 及 D/P+FOB 業務流程中，海運保險分別由誰來辦理？

實驗項目八　外貿流程操作(L/C+CIF)

8.1 實驗目的

熟悉 L/C+CIF 業務流程操作，並能夠在「產品展示」中選定一種商品，以五種不同角色熟練填寫相關單據，完成整筆交易。

8.2 本實驗的基本原理和方法(含實驗數據處理的基本步驟)

參照《國際貿易實務》中「出口合同的磋商、訂立和履行」等章節，明確信用證支付條件下的出口交易流程。

8.3 實驗使用的儀器設備（軟件）

南京世格外貿練習系統（SimTrade）。

8.4 實驗要求

1. 明確 L/C+CIF 業務流程，熟悉各個按鈕的功能，明確 1 人分飾 5 種角色的定位。

2. 分別以不同身分登錄系統，完成業務流程操作。

3. 完成實驗報告，記錄重點步驟及實驗心得。

8.5 實驗內容（L/C+CIF 流程模擬）

步驟：依據以下步驟，以不同身分登錄實習平臺→完成流程操作→完成實驗報告。見圖 8.1。

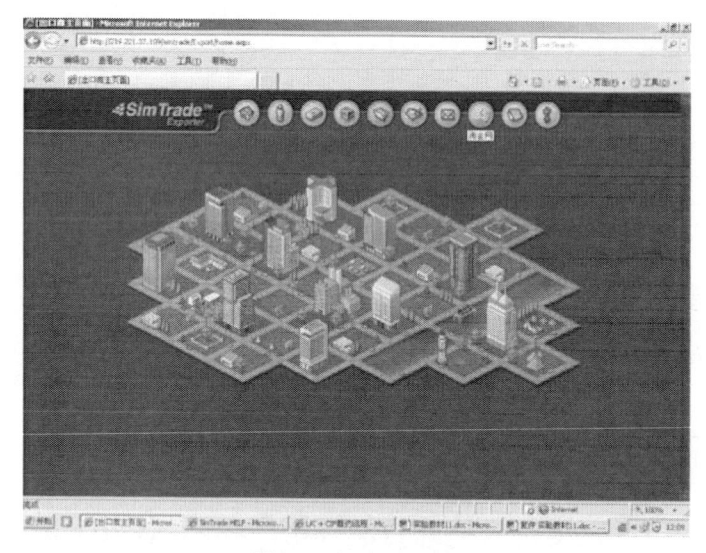

圖 8.1　出口商主界面

8.5.1　交易準備與磋商

1. 學生以出口商角色登錄，輸入本人用戶名和密碼，在「選擇用戶類型」下拉框中選擇「出口商」，點「登錄系統」，進入出口商業務主界面。

2. 創建公司。點「資料」，進入資料錄入界面，其中一些信息屬於隨機給定信息，不能自行更改，包括用戶編號、帳號、註冊資金、單位代碼、稅務登記號、海關代碼和電子郵件，其他空白項目可根據個人意願逐項填寫。範例如下：

公司全稱（中文）：宏昌國際股份有限公司

公司全稱（英文）：GRAND WESTERN TRADING CORP.

公司簡稱（中文）：宏昌

公司簡稱（英文）：GRAND
企業法人（中文）：劉銘華
企業法人（英文）：Minghua Liu
電話：86-25-23501213
傳真：86-25-23500638
郵政編碼：210005
網址：www.desunsoft.net
公司地址（中文）：南京市北京西路嘉發大廈2501室
公司地址（英文）：Room2501, Jiafa Mansion, Beijing West road, Nanjing 210005, P. R. China

公司介紹：我們是一家主營服裝的外貿公司，長期以來致力於提高產品質量，信譽卓著，歡迎來函與我公司洽談業務！

填寫完畢後，點「確定」，信息即會保存，注意該資料信息會伴隨整個流程，務必認真對待。同樣，進口商、進口地銀行、出口地銀行以及工廠均涉及單位資料的填寫，基本方法不變，只是需要切換不同的角色進行登錄，然後進行填寫。

3. 發布公司廣告

點「業務中心」，再點標誌為「廣告公司」的建築物，在彈出頁面中點「發布廣告」，逐項填寫。範例如下：

輸入標題：我公司經營各式男女T恤
輸入關鍵字：T恤
選擇發布類型：公司廣告
輸入內容：我公司專業經營各式男女T恤，款式新穎，價格優惠，歡迎來函來電洽談！
E-mail：xyz1@SimTrade

填寫完畢後，點「確定」，成功發布公司廣告。

4. 尋找商機

點「淘金網」，進入查詢頁面，在首頁上查看通知以及各類市場信息與供求信息，包括出口商供應信息、出口商需求信息、進口商需求信息及供應商供應信息，從中選擇自己需要的產品信息，準備進行溝通。

5. 查看交易對手

在淘金網頁面中點「公司庫」，可看到所有公司，找到對應的公司，再點「詳細情況」，查看各公司具體資料。

6. 查看交易商品

點「產品展示」，可看到所有產品，從中選擇自己打算交易的產品，再點「詳細情況」，查看商品具體資料。注意，交易的產品必須處於產品展示範圍之內，否則系統無法識別。

此外，「淘金網」中列明的其他欄目按鈕（包括銀行、運費查詢、保險費、稅率查詢、其他費用）分別具有不同的功能：銀行可以查詢所有銀行信息及今日匯率；運費

查詢可以查到到達不同港口的運費；保險費按鈕可查到不同保險條款和不同險別的保險費費率；稅費查詢按鈕可以查閱不同產品的各項稅費費率；其他費用則包括不同角色除產品成本之外的其他交易費用，如檢驗費、報關費、信用證通知費等。

7. 交易磋商

與進口商建立業務關係（註：建立業務關係的郵件可由出口商發送，也可由進口商發送）。回到出口商業務主頁面，點「郵件」，進入郵件系統，點「新建」，填寫郵件內容如下：

收件人：對應進口商的郵件地址

主題：自擬

合同號：（此時未建立合同，不需填合同號）

內容欄：（範例如下）

Dear Mr. Carter,

We known your name and address from the website of www. SimTrade. net and note with pleasure the items of your demand just fall within the scope of our business line. First of all, we avail ourselves of this opportunity to introduce our company in order to be acquainted with you.

Our firm is a Chinese exporter of various fashion clothes. We highly hope to establish business relations with your esteemed company on the basis of mutual benefit in an earlier date. We are sending a catalogue and a pricelist under separate cover for your reference. We will submit our best price to you upon receipt of your concrete inquiry.

We are looking forward to receiving your earlier reply.

Yours faithfully,

Minghua Liu
Grand Western Trading Corp.

填寫完畢后，點「發送」。交易對象在收到郵件后，會進行關於產品的進一步磋商，期間程序包括詢盤、報價、還盤、接受等，從而完成交易磋商。

8.5.2 簽訂合同與履行

（1）起草外銷合同（出口商角色）。從出口商主界面進入「業務中心」（按鈕左5），在樓群中尋找標誌為「進口商」的建築物並點擊，在彈出頁面中點「起草合同」。輸入合同號（如「Contract001」），輸入對應的進口商編號，再輸入辦理相關業務的出口地銀行編號，並勾選選項「設置為主合同」，再點「確定」，彈出合同表單，填寫並保存，再在業務畫面中點「檢查合同」，確認合同填寫無誤。

合同起草中的注意事項：合同產品及數量選擇。交易產品應屬於產品展示範圍之內，點擊「淘金網」，選擇產品展示，從中選取打算交易的產品；在合同中填寫產品描述時，須加上產品的規格；交易數量依據本公司資金情況量力而為。

產品價格及幣種的確定。交易價格要綜合考慮國內市場與國際市場價格，首先以工廠身分登錄系統，在當地市場查詢成本價格，再以進口商身分登錄系統，查詢國際市場價格，比較后制定合適的合同價格。外銷合同幣種應與國際市場查詢的幣種一致。

（2）發送合同（出口商角色）。發送合同之前必須制做出口預算表。方法為：點「添加單據」，選中「出口預算表」前的單選鈕，點「確定」，然后在「查看單據列表」中點出口預算表對應的單據編號（以后添加與填寫單據都用此方法），彈出表單，填寫出口預算表並保存。之后回到業務畫面中，點「合同送進口商」；顯示發送成功。

（3）進口商進行合同的確認（進口商角色）。進口商在確認之前，需要填寫進口預算表。方法如下：從進口商主界面進入「業務中心」（按鈕左5），在樓群中尋找標誌為「出口商」的建築物並點擊，進入業務畫面，根據合同內容添加並填寫進口預算表，之后通過「修改合同」按鈕在合同下方簽字，再點擊「確認合同」按鈕。

（4）到銀行領取並填寫「進口付匯核銷單」（進口商角色）。申領方法：進入業務中心尋找「進口地銀行」並點擊，在對話框中選擇申領核銷單，顯示申領成功。填寫方法：進入業務中心尋找「出口商」並點擊，在對話框中選擇「查看單據列表」，從中選擇貿易進口付匯核銷單並填寫。

（5）添加並填寫發送開證申請書（進口商角色）。方法為：進入業務中心尋找「進口地銀行」並點擊，在對話框中選擇「信用證業務」，添加並填寫，檢查無誤后發送。

（6）填寫信用證並送進口商確認（進口地銀行角色）。方法：以「進口地銀行」身分登錄系統，在主界面，選擇「信用證」按鈕（左5），在對話框中選擇開證申請書后點擊開證，之后填寫信用證，檢查無誤后送進口商確認。

（7）進口商檢查並同意信用證（進口商角色）。

（8）通知出口地銀行（進口地銀行角色）。

（9）信用證的審核與通知（出口地銀行角色）。方法為：以出口地銀行身分登錄主界面，點擊信用證按鈕（左5），對信用證進行審核，並填寫信用證通知書，通知出口商。

（10）接收合同確認郵件，接受信用證（出口商角色）。收取進口商已確認合同的通知郵件。在出口地銀行轉發信用證后，收取信用證已開立的通知郵件，然后回到「業務中心」，點「出口地銀行」，再點「信用證業務」，進入信用證列表畫面，查看信用證內容無誤后，點「接受」。

（11）起草國內購銷合同並送工廠（出口商角色）。應提前與工廠進行郵件聯繫，進行出口貨源採購磋商，之后再起草合同。方法：在「業務中心」裡點標誌為「工廠」的建築物，在彈出頁面中點「起草合同」。輸入合同號及對應的工廠編號，勾選選項「設置為主合同」，點「確定」。在彈出頁面中填寫國內買賣合同並保存，注意價格的確定應查詢國內市場。之后回到業務畫面，點「檢查合同」，確認合同填寫無誤后，再點「合同送工廠」。

（12）工廠確認合同，組織生產，放貨並到國稅局繳稅（工廠角色）。

（13）出口商備貨、租船訂艙（出口商角色）。工廠確認合同並生產放貨后，出口商收取工廠已放貨的通知郵件后，點「庫存」，可看到所訂購的貨物已在庫存列表中，備貨完成。添加「貨物出運委託書」並填寫。填寫完成后，在「業務中心」裡點「船公司」，首先點「指定船公司」，選中「世格國際貨運代理有限公司」，點「確定」。指定完成后再點「洽訂艙位」，選擇集裝箱類型，填入裝船日期，點「確定」，訂艙完成。系統將返回「配艙通知」，點標誌為「進口商」的建築物裡的「查看單據列表」，可查看「配艙通知」的內容。

（14）報檢（出口商角色）。注意，在 SimTrade 中，交易商品是否需要出口檢驗，須在淘金網的「稅率查詢」頁，輸入商品的海關編碼進行查詢，可查到相對應的監管條件，點擊代碼符號，各代碼的意義均列明於其中。若適用規定為必須申請出口檢驗取得出境貨物通關單者，則應依規定辦理。添加「出境貨物報檢單」「商業發票」與「裝箱單」，填寫並保存。之後，回到「業務中心」，點「檢驗機構」，再點「申請報檢」，選擇單據「銷貨合同」「信用證」「商業發票」「裝箱單」「出境貨物報檢單」后，點「報檢」。報檢完成后，檢驗機構給發「出境貨物通關單」及出口商申請簽發的相應檢驗證書。

（15）申請產地證（出口商角色）。添加「普惠制產地證明書」，填寫並保存。之後回到「業務中心」，點「檢驗機構」，再點「申請產地證」，選擇產地證類型為「普惠制產地證明書」，點「確定」，完成產地證的申請。

（16）辦理保險（出口商角色）。添加「貨物運輸保險投保單」，填寫並保存。之後回到「業務中心」，點「保險公司」，再點「辦理保險」，選擇單據「商業發票」和「貨物運輸保險投保單」，點「辦理保險」，辦理完成后，保險公司簽發「貨物運輸保險單」。

（17）申領核銷單（出口商角色）。點「外管局」，再點「申領核銷單」，即從外管局取得「出口收匯核銷單」，再到單據列表中進行填寫。

（18）備案、送貨、報關（出口商角色）。點「海關」，再點「備案」，即憑填好的出口收匯核銷單辦理備案。點「備案」右邊的「送貨」，將貨物送到海關指定地點。之後添加「出口貨物報關單」並填寫保存。填寫完成后，點「送貨」右邊的「報關」，選擇單據「商業發票」「裝箱單」「出境貨物通關單」（不須出口檢驗的商品可免附）、「出口收匯核銷單」「出口貨物報關單」，點「報關」。完成報關后，同時貨物自動裝船出運。

（19）取回提單、發送裝船通知（出口商角色）。點「船公司」，再點「取回提單」，將提單取回。添加「Shipping Advice」，填寫並保存，填寫完成后，點「船公司」，再點「發送裝船通知」，將裝船通知發送給進口商。

（20）押匯（出口商角色）。添加「匯票」，填寫並保存，之後回到「業務中心」，點「出口地銀行」，再點「押匯」。選中單據「商業發票」「裝箱單」「普惠制產地證明書」「貨物運輸保險單」（CIF 條件時）、「海運提單」「匯票」前的復選框，點「押匯」，完成押匯手續的辦理。

注意：在出口商押匯之后，交易流程出現不同角色同時進行的不同業務活動。一方面，出口商開始進行結匯、出口核銷等活動；另一方面，出口地銀行將單據審核並通知進口地銀行，后者繼續通知進口商進行付款贖單。

（21）結匯（出口商角色）。收取銀行發來的可以結匯的通知郵件，之后在「業務中心」裡點「出口地銀行」，再點「結匯」，結收貨款，同時銀行簽發「出口收匯核銷專用聯」，用以出口核銷。

（22）出口核銷（出口商角色）。添加「出口收匯核銷單送審登記表」，填寫並保存，之后回到「業務中心」，點「外管局」，再點「辦理核銷」，選中單據「商業發票」「出口貨物報關單」「出口收匯核銷單」「出口收匯核銷專用聯」「出口收匯核銷單送審登記表」前的復選框，點「核銷」，完成核銷手續的辦理。同時外管局蓋章后返還出口收匯核銷單第三聯，用以出口退稅。

（23）出口退稅。點「國稅局」，再點「退稅」，選中單據「商業發票」「出口貨物報關單」「出口收匯核銷單（第三聯）」前的復選框，點「退稅」，完成退稅手續的辦理。至此，該筆交易完成。出口商此時可去銀行償還貸款。

（24）出口地銀行審單並通知進口地銀行，后者繼續通知進口商進行付款贖單（出口地銀行、進口地銀行角色）。

（25）付款贖單（進口商角色）。收取單據到達的通知郵件。回到「業務中心」，點「進口地銀行」，再點「付款」，支付貨款；之后再點「付款」旁邊的「取回單據」，領取相關貨運單據；之后點「業務中心」裡的「船公司」，再點「換提貨單」。

（26）報檢（進口商角色）。（註：在 SimTrade 中，交易商品是否需要進口檢驗，須在淘金網的「稅率查詢」頁，輸入商品的海關編碼進行查詢，可查到相對應的監管條件，點擊代碼符號，各代碼的意義均列明於其中。若適用規定為必須申請進口檢驗取得入境貨物通關單者，則應依規定辦理）。添加「入境貨物報檢單」，填寫並保存，回到「業務中心」，點「檢驗機構」，再點「申請報檢」，選擇單據「銷貨合同」「商業發票」「裝箱單」「提貨單」「入境貨物報檢單」，點「報檢」。報檢完成后，檢驗機構簽發「入境貨物通關單」，憑以報關。

（27）報關、繳稅、提貨（進口商角色）。添加「進口貨物報關單」，填寫並保存，之后點「業務中心」裡的「海關」，再點「報關」，選擇「銷貨合同」「商業發票」「裝箱單」「提貨單」「入境貨物通關單」（不須進口檢驗的商品可免附）「進口貨物報關單」前的復選框，點「報關」。完成報關后，海關加蓋放行章后返還提貨單與進口報關單；點「報關」旁邊的「繳稅」，繳納稅款；再點「繳稅」旁的「提貨」，領取貨物。

（28）付匯核銷（進口商角色）。添加「進口付匯到貨核銷表」，填寫並保存。之后回到「業務中心」，點「外管局」，再點「付匯核銷」，選擇單據「進口付匯核銷單」「進口貨物報關單」「進口付匯到貨核銷表」前的復選框，點「付匯核銷」。

（29）銷貨（進口商角色）。點「業務中心」裡的「市場」，再點「銷貨」，按照編號選擇產品，點「確定」即可銷售貨物。至此，該筆交易完成。進口商此時可去銀行償還貸款。

8.6 實驗思考題

1. L/C+CIF 流程的特點是什麼？
2. 交易磋商一般要經歷哪些環節？
3. L/C+CIF 流程中，出口商需要完成哪些交易環節？
4. L/C+CIF 流程中，進口商需要完成哪些交易環節？
5. L/C+CIF 流程中，銀行的作用是什麼？

實驗項目九　外貿流程操作（D/P+FOB）

9.1　實驗目的

熟悉 D/P+FOB 業務流程操作，並能夠以 5 種不同角色熟練填寫相關單據，完成整筆交易。

9.2　本實驗的基本原理和方法（含實驗數據處理的基本步驟）

參照《國際貿易實務》中「出口合同的磋商、訂立和履行」等章節，明確托收支付方式下的出口交易流程。

9.3　實驗使用的儀器設備（軟件）

南京世格外貿練習系統（SimTrade）。

9.4　實驗要求

1. 明確 D/P+FOB 業務流程，5 人為 1 組，明確各自角色定位。
2. 分別以不同身分登錄系統，完成業務流程操作。
3. 完成實驗報告，記錄重點步驟及實驗心得。

9.5　實驗內容（D/P+FOB 流程模擬）

步驟：小組分配出口商、進口商、工廠、進口地銀行、出口地銀行不同角色；以不同身分登錄實習平臺，依據以下步驟，互相配合，完成流程操作並填寫實驗報告。

9.5.1　交易準備與磋商

利用已有的公司信息和資料，進行發布公司廣告、尋找商機、查看交易對手、選擇交易商品等業務行為，利用電子郵件與交易對象完成合同的磋商。

9.5.2　簽訂合同與履行

（1）起草外銷合同、填寫出口預算表並發送合同（出口商角色）。從出口商主界面

進入「業務中心」，在樓群中尋找標誌為「進口商」的建築物並點擊，在彈出頁面中點「起草合同」，進行合同的起草，合同填寫並保存，檢查無誤；添加出口預算表並填寫，之后回到業務畫面中，點「合同送進口商」；顯示發送成功。

（2）進口商進行合同的確認（進口商角色）。進口商在確認之前，需要填寫進口預算表。方法如下：從進口商主界面進入「業務中心」，在樓群中尋找標誌為「出口商」的建築物並點擊，進入業務畫面，根據合同內容添加並填寫進口預算表，之后通過「修改合同」按鈕在合同下方簽字，再點擊「確認合同」按鈕。

（3）進口商指定船公司（進口商角色）。在「業務中心」裡點「船公司」，在對話框中點「指定船公司」，選中「世格國際貨運代理有限公司」，點「確定」。

（4）起草國內購銷合同並送工廠（出口商角色）。應提前與工廠進行郵件聯繫，進行出口貨源採購磋商，之后再起草合同。方法為：在「業務中心」裡點標誌為「工廠」的建築物，在彈出頁面中點「起草合同」。輸入合同號及對應的工廠編號，並勾選選項「設置為主合同」，點「確定」，在彈出頁面中填寫國內買賣合同並保存，注意價格的確定應查詢國內市場。之后回到業務畫面，點「檢查合同」，確認合同填寫無誤后，再點「合同送工廠」。

（5）工廠確認合同，組織生產，放貨並到國稅局繳稅（工廠角色）。

（6）出口商洽定艙位（出口商角色）。工廠確認合同並生產放貨后，出口商收取工廠已放貨的通知郵件后，點「庫存」，可看到所訂購的貨物已在庫存列表中，備貨完成；添加「貨物出運委託書」並填寫。填寫完成后，在「業務中心」洽訂艙位。

（7）出口報檢（出口商角色）。（注意，在 SimTrade 中，交易商品是否需要出口檢驗，須在「淘金網」的「稅率查詢」頁，輸入商品的海關編碼進行查詢，可查到相對應的監管條件，點擊代碼符號，各代碼的意義均列明於其中。若適用規定為必須申請出口檢驗取得出境貨物通關單者，則應依規定辦理。）添加「出境貨物報檢單」「商業發票」與「裝箱單」，填寫並保存。之后，回到「業務中心」，點「檢驗機構」，再點「申請報檢」，選擇單據「銷貨合同」「信用證」「商業發票」「裝箱單」「出境貨物報檢單」后，點「報檢」。報檢完成后，檢驗機構給發「出境貨物通關單」及出口商申請簽發的相應檢驗證書。

（8）申請產地證（出口商角色）。添加「普惠制產地證明書」，填寫並保存。之后回到「業務中心」，點「檢驗機構」，再點「申請產地證」，選擇產地證類型為「普惠制產地證明書」，點「確定」，完成產地證的申請。

（9）申領核銷單（出口商角色）。點「外管局」，再點「申領核銷單」，即從外管局取得「出口收匯核銷單」，再到單據列表中進行填寫。

（10）備案、送貨、報關（出口商角色）。點「海關」，再點「備案」，即憑填好的出口收匯核銷單辦理備案。點「備案」右邊的「送貨」，將貨物送到海關指定地點。之后添加「出口貨物報關單」並填寫保存。填寫完成后，點「送貨」右邊的「報關」，選擇單據「商業發票」「裝箱單」「出境貨物通關單」（不須出口檢驗的商品可免附）「出口收匯核銷單」「出口貨物報關單」，點「報關」。完成報關后，同時貨物自動裝船出運。

（11）取回提單並發送裝船通知（出口商角色）。點「船公司」，再點「取回提單」，將提單取回。之後添加「Shipping Advice」，填寫並保存，再點「船公司」發送裝船通知給進口商。

（12）添加並填寫「匯票」，向出口地銀行交單托收（出口商角色）。匯票填寫完成后，在單據列表中，選中單據「商業發票」「裝箱單」「原產地證明書」「海運提單」前的復選框，點「單據送進口商」按鈕，完成交單手續的辦理。

（13）結匯（出口商角色）。收取銀行發來的可以結匯的通知郵件。之後在「業務中心」裡點「出口地銀行」，再點「結匯」，結收貨款，同時銀行簽發「出口收匯核銷專用聯」，用以出口核銷。

（14）出口核銷（出口商角色）。添加「出口收匯核銷單送審登記表」，填寫並保存。之後回到「業務中心」，點「外管局」，再點「辦理核銷」，選中單據「商業發票」「出口貨物報關單」「出口收匯核銷單」「出口收匯核銷專用聯」「出口收匯核銷單送審登記表」前的復選框，點「核銷」，完成核銷手續的辦理。同時外管局蓋章后返還出口收匯核銷單第三聯，用以出口退稅。

（15）出口退稅（出口商角色）。點「國稅局」，再點「退稅」，選中單據「商業發票」「出口貨物報關單」「出口收匯核銷單（第三聯）」前的復選框，點「退稅」，完成退稅手續的辦理。

（16）出口地銀行審單並通知進口地銀行，后者繼續通知進口商進行付款贖單（出口地銀行、進口地銀行角色）。

（17）進口商收取裝船通知並辦理保險（進口商角色）。進口商收取裝船通知已發送的通知郵件，方法是：到「業務中心」點「出口商」，再點「查看單據列表」，可查看「Shipping Advice」的內容。之後辦理保險，方法是：添加「貨物運輸保險投保單」，填寫並保存，之後回到「業務中心」，點「保險公司」建築物，再點「辦理保險」，選擇單據「貨物運輸保險投保單」，點「辦理保險」。辦理完成后，保險公司簽發「貨物運輸保險單」。

注意：已知 FOB 計算 CIF 時，利用公式 CIF＝FPB+運費+保險費，其中，運費在配艙通知或者裝船通知中查詢，保險費＝保險金額×保費費率。

（18）領核銷單（進口商角色）。回到「業務中心」，點「進口地銀行」建築物，點「申領核銷單」，即領取「貿易進口付匯核銷單」，再點「出口商」建築，進入「單據列表」中進行填寫。

（19）支付貨款、換提貨單（進口商角色）。收取單據到達的通知郵件，進入「業務中心」，點「進口地銀行」，再點「付款」，支付貨款。換提貨單方法：點「業務中心」裡的「船公司」，再點「換提貨單」。

（20）進口報檢（進口商角色）。點「入境貨物報檢單」，填寫並保存，回到「業務中心」，點「檢驗機構」建築物，再點「申請報檢」，選擇單據「銷貨合同」「商業發票」「裝箱單」「提貨單」「入境貨物報檢單」前的復選框，點「報檢」。報檢完成后，檢驗機構簽發「入境貨物通關單」，憑以報關。

（21）報關、繳稅、提貨（進口商角色）。添加「進口貨物報關單」，填寫保存。

之后，點「業務中心」裡的「海關」建築物，點「報關」，選擇「銷貨合同」「商業發票」「裝箱單」「提貨單」「入境貨物通關單」（不須進口檢驗的商品可免附）、「進口貨物報關單」前的復選框，點「報關」。完成報關后，海關加蓋放行章后返還提貨單與進口報關單。點「報關」旁邊的「繳稅」，繳納稅款。再點「繳稅」旁的「提貨」，領取貨物。

（22）付匯核銷（進口商角色）。添加「進口付匯到貨核銷表」，填寫保存，回到「業務中心」，點「外管局」建築，點「付匯核銷」，選擇單據「進口付匯核銷單」「進口貨物報關單」「進口付匯到貨核銷表」前的復選框，點「付匯核銷」。

（23）銷貨（進口商角色）。點「業務中心」裡的「市場」，再點「銷貨」，選擇產品編號，點「確定」即可銷售貨物。至此，該筆交易完成。

9.6 實驗思考題

1. D/P+FOB 流程的特點是什麼？
2. D/P+FOB 流程中，出口商需要完成哪些交易環節？
4. D/P+FOB 流程中，進口商需要完成哪些交易環節？
5. D/P+FOB 流程中，銀行的作用是什麼？

實驗項目十　外貿流程操作(L/C+CFR)

10.1　實驗目的

熟悉 L/C+CFR 業務流程操作，5 個人一組，分別扮演 5 種不同角色完成 1 筆 L/C+CFR 的業務流程操作。

10.2　本實驗的基本原理和方法（含實驗數據處理的基本步驟）

參照《國際貿易實務》中「出口合同的磋商、訂立和履行」等章節，明確信用證支付條件下的 CFR 術語出口交易流程。

10.3　實驗使用的儀器設備（軟件）

南京世格外貿練習系統（SimTrade）。

10.4　實驗要求

1. 明確 L/C+CFR 業務流程，熟悉各個按鈕的功能，明確一人分飾不同角色的定位。
2. 分別以不同身分登錄系統，完成業務流程操作。
3. 完成實驗報告，記錄重點步驟及實驗心得。

10.5 實驗內容（L/C+CFR 流程模擬）

步驟：依據以下步驟，以不同身分登錄實習平臺→完成流程操作→完成實驗報告。

L/C+CFR 業務流程

No.	工廠	出口商	出口地銀行	進口地銀行	進口商
1		起草外銷合同			
2		添加並填寫出口預算表			
3		合同送進口商			
4					添加並填寫進口預算表
5					簽字並確認外銷合同
6					到銀行領取並填寫「進口付匯核銷單」
7					添加並填寫開證申請書
8					發送開證申請
9				根據申請書填寫信用證	
10				送進口商確認	
11					對照合同查看信用證
12					同意信用證
13				通知出口地銀行	
14			審核信用證		
15			填寫信用證通知書		
16			通知出口商		
17		對照合同審核信用證			
18		接受信用證			
19		起草國內購銷合同			
20		合同送工廠			
21	簽字並確認購銷合同				
22	組織生產				
23	放貨給出口商				
24	到國稅局繳稅				
25		添加並填寫貨物出運委託書			

No.	工廠	出口商	出口地銀行	進口地銀行	進口商
26		指定船公司			
27		洽訂艙位			
28		添加並填寫報檢單、商業發票、裝箱單			
29		出口報檢			
30		添加並填寫產地證明書			
31		到相關機構申請產地證			
32		到外管局申領並填寫核銷單			
33		到海關辦理核銷單的口岸備案			
34		添加並填寫報關單			
35		送貨到海關			
36		出口報關，貨物自動出運			
37		到船公司取提單			
38		添加並填寫裝船通知 Shipping Advice			
39		發送裝船通知			
40		添加並填寫匯票			查看裝船通知
41		向出口地銀行交單押匯			添加並填寫投保單
42			審單		到保險公司投保
43			發送進口地銀行		
44		到銀行辦理結匯		審單	
45		添加並填寫出口收匯核銷單送審登記表		通知進口商取單	
46		到外管局辦理核銷			到銀行付款
47		到國稅局辦理出口退稅			取回單據
48					到船公司換提貨單
49					添加並填寫報檢單
50					進口報檢
51					添加並填寫報關單
52					進口報關
53					繳稅
54					提貨
55					添加並填寫進口付匯到貨核銷表
56					到外管局辦理進口付匯核銷
57					到消費市場銷貨

10.6　實驗思考題

1. L/C+CFR 流程的特點是什麼?
3. L/C+CFR 流程中，出口商需要完成哪些交易環節?
4. L/C+CFR 流程中，進口商需要完成哪些交易環節?
5. L/C+CFR 流程中，銀行的作用是什麼?

實驗項目十一　外貿流程操作（T/T+CIF）

11.1　實驗目的

熟悉 T/T+CIF 業務流程操作，並能夠以五種不同角色熟練填寫相關單據，完成整筆交易。

11.2　本實驗的基本原理和方法（含實驗數據處理的基本步驟）

參照《國際貿易實務》中「出口合同的磋商、訂立和履行」等章節，明確電匯支付條件下的 CIF 術語出口交易流程。

11.3　實驗使用的儀器設備（軟件）

南京世格外貿練習系統（SimTrade）。

11.4　實驗要求

1. 明確 T/T+CIF 業務流程，5 人為 1 組，明確各自角色定位。
2. 分別以不同身分登錄系統，完成業務流程操作。
3. 完成實驗報告，記錄重點步驟及實驗心得。

11.5　實驗內容（T/T+CIF 流程模擬）

步驟：小組分配出口商、進口商、工廠、進口地銀行、出口地銀行不同角色；依據步驟參考，以不同身分登錄實習平臺→完成流程操作→完成實驗報告。

T/T+CIF 業務流程

No.	工廠	出口商	出口地銀行	進口地銀行	進口商
1		起草外銷合同			
2		添加並填寫出口預算表			
3		合同送進口商			
4					添加並填寫進口預算表
5					簽字並確認外銷合同
6		起草國內購銷合同			
7		合同送工廠			
8	簽字並確認購銷合同				
9	組織生產				
10	放貨給出口商				
11	到國稅局繳稅				
13		添加並填寫貨物出運委託書			
14		指定船公司			
15		洽訂艙位			
16		添加並填寫報檢單、商業發票、裝箱單			
17		出口報檢			
18		添加並填寫產地證明書			
19		到相關機構申請產地證			
20		添加並填寫投保單			
21		到保險公司投保			
22		到外管局申領並填寫核銷單			
23		到海關辦理核銷單的口岸備案			
24		添加並填寫報關單			
25		送貨到海關			
26		出口報關，貨物自動出運			
27		到船公司取提單			
28		添加並填寫裝船通知 Shipping Advice			
29		發送裝船通知			
30		將貨運相關單據送進口商			

No.	工廠	出口商	出口地銀行	進口地銀行	進口商
31					查收單據
32					到銀行領取並填寫進口付匯核銷單
33					付款
34		到銀行辦理結匯			到船公司換提貨單
35		添加並填寫出口收匯核銷單送審登記表			添加並填寫報檢單
36		到外管局辦理核銷			進口報檢
37		到國稅局辦理出口退稅			添加並填寫報關單
38					進口報關
39					繳稅
40					提貨
41					添加並填寫進口付匯到貨核銷表
42					到外管局辦理進口付匯核銷
43					到消費市場銷貨

11.6 實驗思考題

1. T/T+CIF 流程的特點是什麼？
2. T/T+CIF 流程中，出口商需要完成哪些交易環節？
3. T/T+CIF 流程中，進口商需要完成哪些交易環節？
4. T/T+CIF 流程中，銀行的作用是什麼？

實驗項目十二　外貿流程操作(T/T+CFR)

12.1　實驗目的

熟悉 T/T+CFR 業務流程操作，5 個人一組，分別扮演 5 種不同角色完成 1 筆 T/T+CFR 的業務流程操作。

12.2　本實驗的基本原理和方法（含實驗數據處理的基本步驟）

參照《國際貿易實務》中「出口合同的磋商、訂立和履行」等章節，明確電匯支付方式下的 CFR 術語出口交易流程。

12.3 實驗使用的儀器設備（軟件）

南京世格外貿練習系統（SimTrade）。

12.4 實驗要求

1. 明確 T/T+CFR 業務流程，熟悉各個按鈕的功能，明確一人分飾不同角色的定位。
2. 分別以不同身分登錄系統，完成業務流程操作。
3. 完成實驗報告，記錄重點步驟及實驗心得。

12.5 實驗內容（T/T+CFR 流程模擬）

步驟：依據以下步驟，以不同身分登錄實習平臺→完成流程操作→完成實驗報告。

T/T+CFR 業務流程

No.	工廠	出口商	出口地銀行	進口地銀行	進口商
1		起草外銷合同			
2		添加並填寫出口預算表			
3		合同送進口商			
4					添加並填寫進口預算表
5					簽字並確認外銷合同
6		起草國內購銷合同			
7		合同送工廠			
8	簽字並確認購銷合同				
9	組織生產				
10	放貨給出口商				
11	到國稅局繳稅				
13		添加並填寫貨物出運委託書			
14		指定船公司			
15		洽訂艙位			
16		添加並填寫報檢單、商業發票、裝箱單			
17		出口報檢			
18		添加並填寫產地證明書			
19		到相關機構申請產地證			
20		到外管局申領並填寫核銷單			

No.	工廠	出口商	出口地銀行	進口地銀行	進口商
21		到海關辦理核銷單的口岸備案			
22		添加並填寫報關單			
23		送貨到海關			
24		出口報關，貨物自動出運			
25		到船公司取提單			
26		添加並填寫裝船通知 Shipping Advice			
27		發送裝船通知			
28		將貨運相關單據送進口商			查看裝船通知
29					添加並填寫投保單
30					到保險公司投保
31					查收單據
32					到銀行領取並填寫進口付匯核銷單
33					付款
34		到銀行辦理結匯			到船公司換提貨單
35		添加並填寫出口收匯核銷單送審登記表			添加並填寫報檢單
36		到外管局辦理核銷			進口報檢
37		到國稅局辦理出口退稅			添加並填寫報關單
38					進口報關
39					繳稅
40					提貨
41					添加並填寫進口付匯到貨核銷表
42					到外管局辦理進口付匯核銷
43					到消費市場銷貨

12.6 實驗思考題

1. T/T+CFR 流程的特點是什麼？
2. T/T+CFR 流程中，出口商需要完成哪些交易環節？
3. T/T+CFR 流程中，進口商需要完成哪些交易環節？
4. T/T+CFR 流程中，銀行的作用是什麼？

實驗項目十三　外貿流程操作（D/A+FOB）

13.1　實驗目的

熟悉 D/A+FOB 業務流程操作，5 個人 1 組，分別扮演 5 種不同角色完成 1 筆 D/A+FOB 的業務流程操作。

13.2　本實驗的基本原理和方法（含實驗數據處理的基本步驟）

參照《國際貿易實務》中「出口合同的磋商、訂立和履行」等章節，明確托收承兌交單支付方式下的 FOB 術語出口交易流程。

13.3　實驗使用的儀器設備（軟件）

南京世格外貿練習系統（SimTrade）。

13.4　實驗要求

1. 明確 D/A+FOB 業務流程，熟悉各個按鈕的功能，明確一人分飾不同角色的定位。
2. 分別以不同身分登錄系統，完成業務流程操作。
3. 完成實驗報告，記錄重點步驟及實驗心得。

13.5　實驗內容（D/A+FOB 流程模擬）

步驟：依據以下步驟，以不同身分登錄實習平臺→完成流程操作→完成實驗報告。

D/A+FOB 業務流程

No.	工廠	出口商	出口地銀行	進口地銀行	進口商
1		起草外銷合同			
2		添加並填寫出口預算表			
3		合同送進口商			
4					添加並填寫進口預算表
5					簽字並確認外銷合同
6		起草國內購銷合同			指定船公司
7		合同送工廠			
8	簽字並確認購銷合同				
9	組織生產				

No.	工廠	出口商	出口地銀行	進口地銀行	進口商
10	放貨給出口商				
11	到國稅局繳稅				
13		添加並填寫貨物出運委託書			
14		洽訂艙位			
15		添加並填寫報檢單、商業發票、裝箱單			
16		出口報檢			
17		添加並填寫產地證明書			
18		到相關機構申請產地證			
19		到外管局申領並填寫核銷單			
20		到海關辦理核銷單的口岸備案			
21		添加並填寫報關單			
22		送貨到海關			
23		出口報關，貨物自動出運			
24		到船公司取提單			
25		添加並填寫裝船通知 Shipping Advice			
26		發送裝船通知			
27		添加並填寫匯票			查看裝船通知
28		向出口地銀行交單托收			添加並填寫投保單
29			審單		到保險公司投保
30			發送進口地銀行		
31				審單	
32				通知進口商取單	
33					承兌匯票
34					取回單據
35					到船公司換提貨單
36					添加並填寫報檢單
37					進口報檢

No.	工廠	出口商	出口地銀行	進口地銀行	進口商
38					添加並填寫報關單
39					進口報關
40					繳稅
41					提貨
42					到消費市場銷貨
43					到銀行領取並填寫進口付匯核銷單
44					匯票到期時付款
45					添加並填寫進口付匯到貨核銷表
46					到外管局辦理進口付匯核銷
47		到銀行辦理結匯			
48		添加並填寫出口收匯核銷單送審登記表			
49		到外管局辦理核銷			
50		到國稅局辦理出口退稅			

13.6 實驗思考題

1. D/A+FOB 流程的特點是什麼？
2. D/A+FOB 流程中，出口商需要完成哪些交易環節？
3. D/A+FOB 流程中，進口商需要完成哪些交易環節？
4. D/A+FOB 流程中，銀行的作用是什麼？

第三部分 仿真競技實驗項目

實驗項目十四 交易磋商仿真

14.1 項目背景參考

國內公司信息：
利迪貿易有限公司
LIDI TRADING COMPANY LIMITED
地址：中國上海南京東路 1267 號
傳真：021-64042588
電子信箱：dengjian214@sina.com
ADD：NO.1267 EAST NANJING ROAD，SHANGHAI，CHINA
FAX：021-64042588
E-MAIL：dengjian214@sina.com
公司簡介：本公司於 1952 年成立，專營玩具和工藝品，現在已經成為中國最大的進出口公司之一。公司的產品質量高，價格優惠，在世界各地的客戶中享有較高聲譽。2004 年 3 月本公司從互聯網上得知美國的 DRAGON TOY CO. LTD. 欲求購中國產的遙控賽車（Telecontrol Racing Car）。客戶的詳細地址如下：
DRAGON TOY CO. LTD.
1180 CHURCH ROAD NEWYORK
PA 19446 U. S. A.
FAX：215-393-3921
E-MAIL ADDRESS：timzsh0516@sina.com

實驗要求1：以出口商身分擬定建交信函。

14.2 交易信息參考

商品：遙控賽車（Telecontrol Racing Car）。
貨號：18812，18814，18817，18819。
包裝方式：12 輛/紙箱，20 輛/紙箱，20 輛/紙箱，12 輛/紙箱。
尺碼（cm）：72×36×48，72×72×48，72×72×48，72×36×48。

毛/淨重：12/9kgs，22/18kgs，22/18kgs，12/9kgs。

購貨價格：150 元/輛，160 元/輛，170 元/輛，180 元/輛。

起訂量：1 個 20′FCL，1 個 20′FCL，1 個 20′FCL，1 個 20′FCL。

已知遙控賽車的增值稅為 17%，出口退稅為 9%。

國內費用：出口包裝費 15 元/紙箱，倉儲費 5 元/紙箱。

一個 20′集裝箱的國內運雜費 400 元，商檢費 550 元，報關費 50 元，港口費 600 元，其他費用 1,400 元。

海運集裝箱包箱費率由上海至紐約每一個 20′集裝箱為 2,200 美元。

保險為發票金額加成 10% 投保一切險和戰爭險，費率為分別為 0.6% 和 0.3%。公司要求在報價中包括 10% 的預期利潤，付款方式是即期信用證（美元匯率為即時匯率）。

客戶詢盤：
LIDI TRADING CO. LTD.
NO. 1267 EAST NANJING ROAD
SHANGHAI, CHINA
FAX: 021-64042588

Dear Sirs,

　　We have received your letter together with your catalogues. Having thoroughly studied the catalogues, we find that your Telecontrol Racing Cars Art. No. 18812, 18814, 18817 and 18819 are quite suitable for our market. We may need one 20′ FCL each for JANUARY delivery. Please kindly inform us if you are able to supply and quote us your most favorable price for the above goods on the basis of CIFC3 NEWYORK with details, including packing, shipment, insurance and payment.

　　Your immediate attention will be highly appreciated.

　　With best regards!

　　Yours faithfully,

　　DRAGON TOY CO. LTD.

　　Charles Borgat

　　MANAGER

實驗要求 2：依據客戶要求，分別計算三種產品的 CIFC3 報價（提示：根據基礎信息計算出產品的成本、海運費以及保險費用，再將佣金包含在內計算）。

實驗要求 3：依據上述計算結果，給客戶正式發實盤。要求：告知具體交易條件，實盤有效期為 7 天，並說明已經寄送免費樣品，同時告知對方訂單較多，庫存緊缺，希望盡快訂貨。

不久收到客戶還盤如下:
LIDA TRADING CO. LTD.

NO.1267 EAST NANJING ROAD
SHANGHAI, CHINA
FAX: 021-64042588
Dear Sirs,

We write to thank you for your offer of April22, 2004. However after a careful study of your quotation, we find that your price seems to be on the high side. It will leave us with almost no profit to accept your price.

We appreciate the quality of your products and are glad to have the opportunity to do business with you. We suggest that you make some allowance on your price. For your reference, the highest prices we can accept are as follows:

ART. NO. 18812 USD19.40 /PIECE CIFC3 NEW YORK 2400 PieCES
ART. NO. 18814 USD20.50 /PIECE CIFC3 NEW YORK 2000 PieCES
ART. NO. 18817 USD21.80 /PIECE CIFC3 NEW YORK 2000 PieCES
ART. NO. 18819 USD22.60 /PIECE CIFC3 NEW YORK 2400 PieCES

What is more, we want the shipment to be effected by the end of this July for some reason. Please take it into serious consideration and your early reply will be appreciated.
Best regards!
Yours faithfully,
DRAGON TOY CO. LTD.
Charles Borgat
MANAGER
我方第二次的發盤略。
客戶成交函電:
LIDI TRADING CO. LTD.
NO.1267 EAST NANJING ROAD
SHANGHAI, CHINA
FAX: 021-64042588
E-MAIL: TIMZSH0516@SINA.COM
Dear Sirs,

Your quotation of has been accepted and we are glad to place our order NO. Dragon9701 as follows:

ART. NO. 18812 USD19.88 /PieCE CIFC3 NEW YORK
ART. NO. 18814 USD20.66 /PieCE CIFC3 NEW YORK
ART. NO. 18817 USD21.94 /PieCE CIFC3 NEW YORK

ART. NO. 18819 USD23.06 /PieCE CIFC3 NEW YORK

Please pay attention that the shipment must be effected by the end of this Nov. Other terms and conditions are the same as we agreed before.

As this is the very first transaction we have concluded, your cooperation would be very much appreciated. Please send us your sales confirmation in duplicate for counter-signing.

Best regards!

Yours faithfully,

DRAGON TOY CO. LTD.

Charles Borgat

MANAGER

合同見附件。

14.3　客戶開來的信用證

ADDRESS: 50 HUQIU ROAD.

CABLE: CHUNGKUO

TELEX: 33062 BOCSH E CN （信用證通知書）

SWIFT: BKCHCMBJ300 Notification of Documentary Credit

FAX: 3232071 YEAR – MONTH – DAY

To: LIDI TRADING CO. LTD.

NO. 1267 EAST NANJING ROAD WHEN CORRESPONDING

PLEASE QUOTE OUR REF. NO. APR 11, 2005

SHANGHAI, CHINA

Issuing Bank （開證行）

Chemical Bank New York

55 Water Street, Room 1702, New York, U. S. A. Transmitted to us through （轉遞行）

L/C NO. （信用證號） DATED （開證日期）

DRG-LDLCA21 April 11, 2005 Amount （金額）

US $ 188256.00

Dear sirs, （逕啓者）

We have pleasure in advising you that we have received from the a/m bank a(n)

（茲通知貴司，我行收自上述銀行）

　( ) 　pre-advising of （預先通知）　　　 ( ) 　mail confirmation of （證實書）

　( ) 　telex issuing （電傳開立）　　　　 ( ) 　uneffective （未生效）

　(X) 　original （正本）　　　　　　　　 ( ) 　duplicate （副本）

letter of credit, contents of which are as per attached sheet (s).

This advice and the attached sheet (s) must accompany the relative documents when presented for negotiation.

（信用證一份，現隨附通知。貴司交單時，請將本通知書及信用證一併提示。）

(x) Please note that this advice does not constitute our confirmation of the above L/C nor does it convey any engagement or obligation on our part.

（本通知書不構成我行對此信用證之保兌及其他任何責任。）

( ) Please note that we have added our confirmation to the above L/C, negotiation is restricted to ourselves only.

（上述信用證已由我行加具保兌，並限向我行交單。）

Remarks：（備註：）

This L/C consists of two sheet (s), including the covering letter and attachment (s).

（本信用證連同面函及附件共 2 紙。）

If you find any terms and conditions in the L/C which you are unable to comply with and or any error (s), it is suggested that you contact applicant directly for necessary amendment (s) of as to avoid any difficulties which may arise when documents are presented.

（如本信用證中有無法辦到的條款及/或錯誤，請逕與開證申請人聯繫進行必要的修改，以排除交單時可能發生的問題。）

yours faithfully,

上海分行

信 用 證

通知章

FOR BANK OF CHINA

TEST CORRECT WITH US SHANGHAI

FROM：CHEMICAL BANK NEW YORK

OUR REF：NY980520004658001T01

TO：BANK OF CHINA

SHANGHAI BRANCH

50 HUQIU ROAD, SHANGHAI

PEOPLE'S REP. OF CHINA

TEST：FOR USD/188, 256.00 ON DATE 4/11

PLEASE ADVICE BENEFICIARY OF THE FOLLOWING LETTER OF CREDIT ISSUED BY US IN THEIR FAVOR SUBJECT TO UCP 500：

DOCUMENTARY CREDIT NUMBER：DRG-LDLCA21

DATE AND PLACE OF EXPIRY：May 31, 2005 IN U.S.A.

APPLICANT：DRAGON TOY CO. LTD. 1180 CHURCH ROAD NEW YORK, PA 19446 U.S.A.

BENEFICIARY：LIDI TRADING CO. LTD. NO.1267 EAST NANJING ROAD SHANGHAI, CHINA

AMOUNT：USD188, 256.00

SAY UNITED STATES DOLLARS ONE HUNDRED AND EIGHTY EIGHT THOUSAND TWO HUNDRED AND FIFTY SIX ONLY.

AVALIABLE WITH : ANY BANK

BY: NEGOTIATION OF BENEFICIARY'S DRAFT (S) AT 30 DAYS' SIGHT DRAWN ON:

CHEMICAL BANK , NEW YORK, ACCOMPANieD BY THE DOCUMENTS INDICATED HEREIN.

COVERING SHIPMENT OF :

COMMODITY ART. NO. QUANTITY

TELECONTROL RACING CAR

18812, 2000 PieCES

18814, 2000 PieCES

18817, 2000 PieCES

18818, 2000 PieCES

SHIPPING TERMS: CIF

SHIPPING MARKS: LD-DRGSCA21/DRAGON TOY/NEW YORK/NO. 1-UP

DOCUMENTS REQUIRED:

1- 3 COPieS OF COMMERCIAL INVOICE SHOWING VALUE IN U. S. DOLLARS AND INDICATING L/C NO. AND CONTRACT NO……

2- 2COPieS OF PACKING LIST SHOWING GROSS/NET WEIGHT AND MEASUREMENT OF EACH CARTON.

3- CERTIFICATE OF ORIGIN IN TRIPLICATE ISSUED BY CHINA CHAMBER OF INTERNATIONAL COMMERCE.

4- 2 COPieS OF INSURANCE POLICY OR CERTIFICATE ENDORSED IN BLANK FOR THE INVOICE VALUE OF THE GOODS PLUS 110% COVERING ISALL RKS AND WAR RISK AS PER AND SUBJECT TO OCEAN MARINE CARGO CLAUSES OF THE PEOPLE'S INSURANCE COMPANY OF CHINA DATED 1/1/1981.

5- 3/3 SET AND ONE COPY OF CLEAN ON BOARD OCEAN BILLS OF LADING MADE OUT TO ORDER AND BLANK ENDORSED MARKED FREIGHT PREPAID AND NOTIFY APPLICANT.

PARTIAL SHIPMENTS: PERMITTED

TRANSSHIPMENTS: PERMITTED

SHIPMENT FROM : SHANGHAI, CHINA TO: NEW YORK

NOT LATER THAN : May 10, 2005

DOCUMENTS MUST BE PRESENTED WITHIN 15DAYS AFTER SHIPMENT, BUT WITHIN VALIDITY OF THE LETTER OF CREDIT.

INSTRUCTIONS TO THE PAYING/ACCEPTING /NEGOTIATING BANK

NEGOTIATING BANK IS TO FORWARD ALL DOCUMENTS IN ONE AIRMAIL

TO CHEMICAL BANK NEW YORK, 55 WATER STREET, ROOM 1702 , NEW YORK, NEW YORK 10041 ATTN: LETTER OF CREDIT DEPARTMENT

END OF MESSAGE

實驗要求4：如本信用證中有無法辦到的條款及/或錯誤，請指出並與開證申請人聯繫進行必要的修改。

實驗項目十五　交易流程仿真

15.1　項目背景參考

外貿公司：

南京思科紡織服裝有限公司（簡稱思科）

NANJING SICO TEXTILE GARMENT CO., LTD.

ADD, HUARONG MANSION RM2901 NO. 85 GUANJIAQIAO NJING 210005. CHINA

TEL, 0086-25-35784312

FAX, 0086-25-35784513

國外客戶：

FASHION FORCE CO. LTD.（簡稱FF）

ADD, P. O. BOX 8935 NEW TERMINAL

ALTA, VISTA OTTAWA. CANADA

TEL, 001-613-4563508

FAX, 001-613-4562421

15.2　交易信息參考

交易商品：COTTON BLAZER（全棉運動上衣）。

成交方式：CIF。

付款方式：即期信用證（L/C AT SIGHT）。

通知行：中國銀行江蘇省分行。

出口口岸：上海。

服裝加工廠：無錫季節制衣有限公司。

面、輔料工廠：無錫百合紡織有限公司。

貨運代理公司：上海凱通國際貨運代理有限公司。

承運船公司：中國遠洋集裝箱運輸有限公司。

備註說明：

本案例涉及思科公司的部門有三個：業務部、單證儲運部、財務部。其中，業務

部負責接洽業務、單證儲運部負責出運安排、製單、核銷，財務部門負責應收及應付帳款。

出口到加拿大的紡織品有配額限制，在準備單證時需注意及時申請輸加拿大紡織品出口許可證，另須注意繕制加拿大海關發票等單證，及時寄出給客戶用於進口清關。

本案例涉及貿易公司業務部、單證儲運部、財務部三個部門，以及工廠、貨運代理公司等。在實際業務中，租船訂艙、報驗、申領核銷單、申請配額等工作往往是貿易公司的各個部門在同時進行的，次序不分先后。

15.3 交易流程

15.3.1 交易磋商

南京思科紡織服裝有限公司（NANJING SICO TEXTILE GARMENT CO., LTD, 以下簡稱思科公司）成立於1992年，是經國家外經貿部批准的具有進出口經營權的貿易公司，從事紡織服裝等產品進出口業務。公司擁有多家下屬工廠，產品主要銷往歐洲、美加地區及日本等國家和地區。

加拿大客戶FASHION FORCE CO., LTD（以下簡稱F.F.公司）與思科公司是合作多年的業務夥伴。2000年12月2日，F.F.公司傳真一份製作女式全棉上衣的指示書，並郵寄面料、色樣及一件成衣樣品給思科公司，要求思科公司2001年3月25日前交貨，並回寄面料、色樣及兩件不同型號的成衣樣品確認。

2000年12月8日上午，思科公司收到該樣件后，立即聯絡無錫百合紡織有限公司（面輔料工廠，以下簡稱百合紡織），根據F.F.公司提供的樣件打品質樣和色卡，然后用DHL郵寄給F.F.公司確認。

2001年12月12日，F.F.公司收到思科公司寄去的樣件，回覆確認合格，要求思科公司再寄兩件不同型號的成衣樣品供其確認。接此通知，思科公司立即聯絡無錫季節制衣有限公司（服裝加工廠，以下簡稱季節制衣）趕制成衣樣品。12月17日下午，服裝加工廠將兩件不同型號的成衣樣品送到思科公司。當天，思科公司又將該成衣樣品用DHL郵寄給F.F.公司確認。

12月22日，F.F.公司收到思科公司寄去的成衣樣品，確認合格，要求思科公司報價。當天，思科公司根據指示書要求，以面輔料工廠和服裝廠的報價、公司利潤等為基礎向F.F.公司報價。經過多次磋商，12月26日，雙方最終確定以每件USD12.80的報價成交。F.F.公司要求思科公司根據該份報價單製作合同傳真其會簽，同時傳真形式發票供其開具信用證。

合同簽訂后，雙方就成衣細節進行修改和最終確認。

相關單據：

◆指示書。

◆報價單。

◆外銷合同。

◆形式發票。

15.3.2 落實信用證

2001年1月31日，中國銀行江蘇省分行通知思科公司收到F.F.公司通過BNP PARIBAS（CANADA）MONTREAL銀行開來的編號為63211020049的信用證電開本。

其中與繕製單據有關的條款如下：

1. 開證行：BNP PARIBAS（CANADA）MONTREAL。

2. 通知行：中國銀行江蘇省分行。

3. 不可撤銷信用證號：63211020049。開證日期：2001年1月29日。

4. 信用證有效期及地點：2001年4月10日，中國。

5. 申請人：FASHION FORCE CO., LTD P. O. BOX 8935 NEW TERMINAL, ALTA, VISTA OTTAWA, CANADA。

6. 受益人：NANJING SICO TEXTILE GARMENT CO., LTD. HUARONG MANSION RM2901 NO.85 GUANJIAQIAO, NANJING210005, CHINA。

7. 信用證金額：USD32,640.00。

8. 商品描述：SALES CONDITIONS：CIF MONTREAL/CANADA SALES CONTRACT NO. F01LCB05127 LADIES COTTON BLAZER（100% COTTON，40SX20/140X60）STYLE NO. PO NO. QTY/PCS USD/PC 46-301A 10337, 2550, 12.80。

9. 分批裝運及轉船運輸：不允許分批裝運，允許轉運，從中國運至加拿大蒙特利爾港口。

10. 最后裝船期：2001年3月25日。

11. 議付單據要求：

（1）商業發票六份，受益人代表簽名。

（2）加拿大海關發票四份。

（3）3/3全套正本已裝船的清潔海運提單，抬頭人為「TO THE ORDER OF BNP PARIBAS（CANADA）」，顯示運費預付，通知人為開證人的名稱和地址。

（4）明細裝箱單三份。

（5）普惠制產地證一份副本（FORM A）。

（6）輸加拿大紡織品出口許可證一份副本。

（7）受益人證明：證明裝運后五天內，將普惠制產地證正本、輸加拿大紡織出口許可證正本、商業發票副本、明細裝箱單副本及正本提單的複印件已經由快遞方式直接寄送給開證人，並附快件回執。

（8）提供開證人的傳真確認函，確認貨物在裝運前生產的樣品由開證人認可。

（9）印有承運人抬頭的證明，顯示承運公司的名稱和地址、海運提單號、集裝箱號。本次承運人的集裝箱內不含有任何原生木料制成的支撐物或托盤，以及其他任何原生木制包裝材料。

（10）客檢證正本一份，要求出運前15天用DHL寄四件不同型號的成衣樣品，經檢驗合格后由F.F.公司出具客檢證。

（11）中國人民保險公司出具的保險單一份正本一份副本。

12. 附加條款：
(1) 如果提供的單據不符合信用證條款的規定，每個不符點扣 55 美金。
(2) 一切結算費用由受益人支付。
(3) 本信用證的數量和金額有 3%的溢短。
(4) 所有的單據、證明、申明必須簽字及標明日期。
(5) 如下內容僅作參考：

 • 請注意，從 1999 年 1 月 4 日開始，所有從中國運往加拿大的貨物，如果包裝物中含有木制成分，將被加拿大海關禁止。因為原生木質中含有一種亞州長角甲蟲。
 • 加拿大政府現在堅持所有進入加拿大的貨物必須提供上述所有文件。
 • 海運提單和商業發票必須證明如下內容：集裝箱內不含有任何原生木料制成的支撐物或托盤，以及其他任何原生木制包裝材料。
(6) 受益人的銀行帳號為 0777103281054。

注意事項：
議付單據中有關客檢證條款項，對我方公司極為不利。如果客戶信譽良好，多會在樣品檢驗合格后及時簽發客檢證明。但有些客戶會故意拖延簽發客檢證的時間，導致我方不能及時交單議付。因此，遇到有此項條款的信用證，我方公司須特別注意及時寄樣和催客戶及時簽發客檢證。

相關單據：
◆信用證通知書。
◆信用證。

15.3.3 出口備貨

收到信用證后，2001 年 2 月 1 日，思科公司立即與早已聯絡好的服裝加工廠簽訂訂購合同，指定服裝廠使用百合紡織的面輔料。2 月 5 日，服裝廠正式投產。

根據信用證規定，3 月 2 日，思科公司寄出四件不同型號的成衣樣品給 F.F. 公司檢驗。3 月 6 日，F.F. 公司收到后，經檢驗合格，簽發客檢證正本一份並用 DHL 寄回給思科公司。

注意事項：
關於品質檢驗和客檢證的簽發，視客戶檢驗的具體狀況而定。一般不外乎有以下兩種方式。其一，客戶派員親自來廠檢驗，檢驗合格后當場簽發客檢證，或該員將檢驗結果向客戶匯報后，由客戶將客檢證寄給我方。在此種方式下，客戶一般是在出運前 4~5 天來廠檢驗，此時工廠的加工、包裝已基本結束，驗貨通過后即可安排出運。其二，將樣品寄給客戶檢驗，檢驗合格后，客戶簽發客檢證並寄給我方。在此種方式下，一般客戶會要求我方在出貨前 10~15 天寄樣品供其檢驗。

相關單據：
◆服裝訂購合同。

◆客檢證。

15.3.4 租船訂艙

本批出口商品系採用集裝箱班輪運輸，故在落實信用證及備貨時，思科公司即向上海各家貨運代理公司詢價，最終確定委託上海凱通國際貨運有限公司（以下簡稱上海凱通）代為訂艙，以便及時履行合同及信用證項下的交貨和交單的義務。

2001年3月9日，服裝全部生產、包裝完畢，工廠製作裝箱單傳真給思科公司。思科公司根據工廠報來的裝箱單，結合合同及信用證貨物明細描述，開列出倉通知單，單證儲運部門根據出倉通知單、工廠制的裝箱單、信用證統一繕制全套的出運單據。出運單據包括出口貨物明細單、出口貨物報關單、商業發票、裝箱單。

單證儲運部門先將出口貨物明細單傳真上海凱通配船訂艙，確認配船和費用後，準備全套報關單據（出口貨物明細單、報關委託書、出口貨物報關單、商業發票、裝箱單、出口收匯核銷單、輸加拿大紡織品出口許可證（海關聯））寄到上海凱通用於報關、出運。同時，準備普惠制產地證用於出運後寄客戶用於進口清關。

上海凱通在確認配船和費用後，傳真送貨通知給思科公司，要求思科公司3月16日中午前將貨物運至指定倉庫。

注意事項：

在FOB條件下，運輸公司大多由客戶指定。

15.3.5 出口報驗

由於思科公司出口的全棉女式上衣屬於法定檢驗的商品範圍，在商品報關時，報關單上必須有商檢機構的檢驗放行章方可報關。因此，2001年3月9日，思科公司寄出商業發票、裝箱單、報檢委託書，委託服裝加工廠向無錫市商檢局申請出口檢驗。

申請出口商品檢驗時，工廠必須填寫出口商品檢驗申請單，並隨附報檢委託書、外銷合同、信用證複印件、商業發票、裝箱單、紙箱證等單據。

3月13日，此批貨物經檢驗合格，無錫商檢局出具換證憑單給工廠。當天，工廠將換證憑單寄給思科公司指定的上海凱通國際貨運公司用於報關。

相關單據：

◆出口商品檢驗申請單。

◆報檢委託書。

◆外銷合同。

◆信用證。

◆商業發票。

◆裝箱單。

◆換證憑單。

15.3.6 申領核銷單

由於思科公司有計劃內的核銷單，2001年3月9日，單證員憑出口貨物明細單在本公司申領核銷單。

注意事項：

核銷單已用完，須到外匯局申領出口收匯核銷單。具體操作如下：

1. 在到外匯局申領核銷單前，先上網向外匯局申請所需領用核銷單份數。

2. 外匯局確認思科公司已上網申領核銷單後，憑思科公司核銷員所持本人操作員IC卡、核銷員證向該核銷員發放核銷單。

3. 外匯局根據思科公司網上申領的核銷單份數和外匯局本地核銷系統確認的出口企業可領單數兩者中的較小數，向思科公司發放核銷單。

相關單據：

◆出口貨物明細單。

◆核銷單。

15.3.7 申請配額

2001年3月9日，思科公司向外經貿委申領紡織品配額。3月13日，拿到已簽發的輸加拿大紡織品出口許可證。

注意事項：

對沒有配額的公司而言，必須要申領到配額后方能出口。申領紡織品配額一般有以下幾種方式：

1. 外經貿部、地方的外經貿廳每年下發給外貿公司定配額。

2. 外貿公司加入紡織品商會，通過商會每年舉辦的配額招標投標獲取配額。

3. 找有配額的公司調劑：一種是紡織商會組織的公開的調劑，一種是私下的不規範的轉賣。

相關單據：

◆輸加拿大紡織品出口許可證。

15.3.8 出口報關

單證部門拿到核銷單和輸加拿大紡織品出口許可證后，2001年3月13日，將上海凱通報關所需的報關委託書、出口貨物報關單、出口收匯核銷單、商業發票、裝箱單、外銷合同、輸加拿大紡織品出口許可證用快件寄出。

3月14日，上海凱通收到思科公司寄來的上述單據。

3月15日上午，上海凱通收到工廠寄來的商檢換證憑單，當天下午憑此單到上海出入境檢驗檢疫局換取出境貨物通關單。

3月16日上午，思科公司根據上海凱通的送貨通知按時將貨物送到上海凱通指定的倉庫。

根據新的海關報關規定要求：貨物的出口報關必須在貨物進入港口倉庫或集裝箱整箱進入堆場后才能進行。由於17、18號是周六、周日，故3月16日下午，上海凱通即向上海海關報關，以免耽誤3月20日的船期。

上海凱通在報關前，先上網向上海海關進行核銷單的口岸備案，並如實向海關申報成交方式（CIF），按成交方式申報成交總價、運費等，以后外匯局即根據實際成交方式及成交總價辦理收匯核銷手續。

報關時須填寫中華人民共和國海關出口貨物報關單（白色的報關聯和黃色的出口退稅聯），並附報關委託書、商業發票、裝箱單、出口收匯核銷單、出境貨物通關單、輸加拿大紡織品出口許可證等單證向海關報關，海關依此份報關單驗貨，並退回已蓋章的核銷單和兩份報關單。報關通過后，上海凱通安排集裝箱拖貨至船公司指定的碼頭。

注意事項：

1. 未進行口岸備案的核銷單不能用於出口報關，對已備案成功的核銷單，還可變更備案。

2. 報關時必須出具出口收匯核銷單，否則海關不予受理。貨物出境后，海關在核銷單上加蓋放行章或驗訖章，並隨同加蓋海關驗訖章的一份帶有海關編號的白色報關單、一份黃色的報關單出口退稅聯，一同返還口岸代理上海凱通（從上海海關退回一般需1個月左右），最后口岸代理上海凱通寄給思科公司用於向外匯管理部門核銷。

3. 紡織品出口許可證是政府機關批准配額紡織品出口的證明文件，其作用是出口商憑此辦理出口報關和進口商憑此申領進口許可證並辦理進口報關手續。因此，出口加拿大的紡織品在報關時必須要附加拿大紡織品出口許可證，否則海關不予受理。

相關單據：

◆報關委託書。

◆出口貨物報關單。

◆出口收匯核銷單。

◆商業發票。

◆裝箱單。

◆外銷合同。

◆輸加拿大紡織品出口許可證。

◆商檢換證憑單。

◆出境貨物通關單。

◆送貨通知。

15.3.9 出口保險

由於是按 CIF 條件成交，保險由思科公司辦理。因此，2001 年 3 月 16 日，思科公司按約定的保險險別和保險金額，向保險公司投保。投保時應填製投保單和支付保險費（保險費＝保險金額×保險費率），並隨附商業發票，保險公司憑此出具保險單。

注意事項：

實際業務中，一些和外貿公司長期合作的保險公司，有時只須外貿公司提供商業發票，甚至可以不填製投保單，直接憑商業發票出具保險單。

相關單據：

◆出口貨物運輸保險投保單。

◆商業發票。

◆貨物運輸保險單。

15.3.10　裝船出運

上海凱通接受思科公司的訂艙委託后，2001年3月12日，根據思科公司提供的出口貨物明細單繕制集裝箱貨物托運單，這是外運機構向船公司訂艙配載的依據。該托運單一式數聯，分別用於貨主留底、船代留底、運費通知、裝貨單（Shipping Order：S/O）、繳納出口貨物港務費申請書、場站收據、貨代留底、配艙回單、場站收據副本（Mate's Receipt；M/R）的大副聯等。其中比較重要的單據有：裝貨單和場站收據副本。

3月19日，貨物離港前，上海凱通傳真海運提單給思科公司確認。

3月20日，在確定貨物安全離港后，思科公司傳真裝運通知給F. F.公司。

3月22日，思科公司將海運提單複印件、輸加拿大紡織品出口許可證（正本）、商業發票、裝箱單、加拿大海關發票、普惠制產地證用DHL寄給F. F.公司供其用於進口清關，同時將DHL回執留存準備繕制議付單據。

注意事項：

將來船公司簽發的提單上相應欄目的填寫也會參照訂艙委託書的寫法。因此，托運人、收貨人、通知人這三欄的填寫應該嚴格按照信用證提單條款的相應規定填寫。

相關單據：

◆出口貨物明細單。

◆裝貨單。

◆場站收據副本。

◆裝運通知。

◆海運提單。

◆輸加拿大紡織品出口許可證（正本）。

◆商業發票。

◆裝箱單。

◆加拿大海關發票。

◆普惠制產地證。

◆ DHL回執。

15.3.11　製單結匯

在辦理貨物出運工作的同時，思科公司也開始了議付單據的製作。2001年3月20日，上海凱通國際貨運代理有限公司作為承運人中國遠洋運輸公司下屬的中遠集裝箱運輸有限公司的代理，簽發了COS6314623142號提單。根據信用證的規定，思科公司備齊了全套議付單據（3/3海運提單正本、商業發票、裝箱單、普惠制產地證、受益人證明、客檢證、貨物運輸保險單），於4月2日向議付銀行中國銀行江蘇省分行交單議付。

相關單據：
◆海運提單（3/3）。
◆商業發票。
◆裝箱單。
◆普惠制產地證。
◆受益人證明。
◆客檢證。
◆貨物運輸保險單。

15.3.12　財務付款

3月22日，思科公司的財務人員收到上海凱通寄來的海運費發票和港雜費發票。

3月27日，收到服裝廠寄來的增值稅發票和出口專用繳款書。

議付單據交單后，3月30日，財務人員向服裝廠支付貨款，並和上海凱通結清海運費、港雜費等費用，同時催上海凱通退核銷單。

相關單據：
◆海運費發票。
◆港雜費發票。
◆增值稅發票。
◆出口專用繳款書。

15.3.13　收匯核銷

4月20日，思科公司收到上海凱通寄來的上海海關退回的出口收匯核銷單和報關單。當天，核銷員在網上將此核銷單向外匯局交單，並在網上交單時，對核銷單、報關單的電子底帳數據進行了認真的核對。

2001年4月23日，思科公司收到銀行的收匯水單，開證行已如數付款。至此，該筆交易已安全收匯。

網上交單成功之后，4月24日，核銷員持紙質的收匯水單（即出口收匯核銷專用聯，經銀行蓋有出口收匯核銷專用章）、出口收匯核銷單（已經出口海關蓋章，第三聯）、報關單（白色報關聯，海關已蓋章）、商業發票及自製的核銷單送審登記表（外匯局留存聯）到外匯局辦理核銷手續。核銷完畢后，外管局當場將加蓋已核銷章的核銷單（出口退稅聯）退回給思科公司。

核銷完成后，核銷員將上述單據轉交財務辦稅人員辦理退稅事宜。

相關單據：
◆出口收匯核銷單。
◆報關單。
◆收匯水單。
◆商業發票。
◆核銷單送審登記表。

15.3.14　出口退稅

2001年4月25日，思科公司的財務辦稅人員將公司需要辦理認證的增值稅發票整理后一併申報國稅局進行發票認證。當天，拿到國稅局認證結果通知書和認證清單。

4月26日，財務辦稅人員將退稅要用的單據收集齊全無誤后裝訂成冊。其中，核銷單（外管退回的出口退稅專用聯）、報關單（黃色出口退稅聯）、商業發票為一冊，增值稅發票（抵扣聯）、出口專用繳款書、認證結果通知書、認證清單為一冊，財務退稅人員在退稅申報軟件中逐條錄入進貨明細及申報退稅明細。錄入完畢，核對無誤后打印並生成退稅處所需要的表格及軟盤，連同外貿企業出口貨物退稅匯總申報審批表送交外經委稽核處加蓋稽核章。

2001年5月7日，財務辦稅人員將上述資料送交國稅局稽核部門待批。5月28日，接到國稅局通知，於5月7日申報的資料已通過。5月29日，財務人員到銀行查詢，查到申報退稅額已足額退回。至此，該筆業務順利完成。

相關單據：

◆認證結果通知書。

◆認證清單。

◆核銷單。

◆報關單（退稅聯）。

◆商業發票。

◆增值稅發票（抵扣聯）。

◆出口專用繳款書。

◆外貿企業出口貨物退稅匯總申報審批表。

實驗要求：依據項目提供信息，競技小組分別扮演出口商和進口商擬訂外銷合同，並在其他部門的配合下填製相關單據，執行完整交易流程（註：本實驗單據既可以選擇電子單據也可以選擇紙質單據，實驗之前須設置相關職能部門並準備單據）。

實驗項目十六　合同簽訂及進出口預算仿真

16.1　項目背景參考

上海華信貿易公司（Shanghai Huaxin Trading Co. Ltd）始建於1990年，是一家綜合型貿易公司。其經營範圍包括機電設備、金屬材料、建築材料、化工原料、輕工產品等。公司與多家供貨廠商有固定的業務往來，貨源基礎雄厚。同時，面對多變的國際市場，公司也十分重視新產品的開發。例如，日用品部與其掛勾工廠聯手開發了一項新產品——HX系列餐茶具。該系列餐茶具選用上等瓷土燒製，以精美禮盒包裝，加之手工繪製圖案，美觀大方、質量上乘，極具競爭力。

公司地址：中國上海金陵路 623 號 金仕達大廈 29 層

郵編：200002

電話：021-62597480   傳真：021-62597490

16.2　建立業務關係

2014 年 3 月上海華信公司日用品部業務員趙建國在《國際商報》上看到一則求購餐茶具的信息。對方信息如下：

Mr. Paul Lockwood

Purchasing Division

James Brown & Sons

#362 Jalan Street, Toronto, Canada

Tel：(+01) 7709910

Fax：(+01) 7701100

E-mail：lock@www.jbs.com.cnd

趙建國遂即與之取得聯繫。

實驗要求 1：擬定建交信函。

根據前述背景資料，以上海華信貿易公司日用品部業務員趙建國的身分，給 James Brown & Sons 公司去函，表達與之建立業務關係的熱切願望，並隨寄 HX 系列瓷器的商品目錄。

16.3　訂立出口合同

建立業務關係的郵件發出不久，上海華信公司收到加拿大 James Brown & Sons 公司的回覆。后經過多次交易磋商，華信貿易公司和加拿大 James Brown & Sons 公司就陶瓷餐茶具的各項交易條件達成共識。概括如下：

1. 賣方（Seller）

上海華信貿易有限公司

SHANGHAI HUAXIN TRADING CO., LTD.

29TH FLOOR KINGSTAR MANSION, 623JINLIN RD., SHANGHAI CHINA

2. 買方（Buyer）

JAMES BROWN & SON.

#362 JALAN STREET, TORONTO, CANADA

3. 貨號品名規格

CHINESE CERAMIC DINNERWARE

12001	CHINESE CERAMIC DINNERWARE 48-Piece Dinnerware and Tea Set
	520SETS USD230.50/SET
12002	CHINESE CERAMIC DINNERWARE 20-Piece Dinnerware Set
	560SETS USD120.40/SET

4. 嘜頭

出貨前客戶通知。

5. 成交價格條件

CIFC5 TORONTO。

6. 包裝條件

紙箱包裝。12001 每箱裝 1 套，12002 每箱裝 2 套，共 800 箱。

7. 交貨/裝運條件

貨物用集裝箱自中國經海運至加拿大多倫多港，裝運期為 2014 年 6 月。

8. 保險條件

由買方按 CIF 成交金額的 110%投保中國人民保險公司海運貨物水漬險、碰損破碎險和戰爭險。

9. 付款條件

不可撤銷即期信用證付款。

實驗要求 2：簽訂出口合同。根據上述成交條件簽訂出口合同，要求格式清楚、條款明確、內容完整。合同編號為 SHXW03027。

實驗要求 3：填製出口預算表（註：出口預算表要以本幣形式表示；與工廠簽訂的國內購銷合同價格分別為 12001, 600 元人民幣，12002, 400 元人民幣；預算表需要的其他信息參見 Simtrade 淘金網；競賽期間，教師可以調整成交數量及價格）。

第四部分　實驗報告

課程名稱＿＿＿＿＿＿＿＿＿＿＿＿＿＿＿＿＿＿＿＿

實驗學期＿＿＿＿＿年至＿＿＿＿年第＿＿＿＿學期

＿＿＿＿＿學院＿＿＿年級＿＿＿＿＿專業＿＿＿＿班級

姓名＿＿＿＿＿＿＿＿＿＿學號＿＿＿＿＿＿＿＿＿＿

指導教師＿＿＿＿＿＿＿＿＿＿＿＿＿＿＿＿＿＿＿

實驗最終成績＿＿＿＿＿＿＿＿＿＿＿＿＿＿＿＿＿

國際貿易模擬實驗報告（1）

實驗項目	交易磋商及合同訂立	實驗時間（學時）		實驗地點		
實驗成績(百分制)		實驗性質	□演示性	☑驗證性	□綜合性	
指導教師						

學生填寫：

一、實驗目的與任務

二、實驗內容（關鍵步驟、主要數據、結果描述）

三、實驗思考題

四、實驗分析總結（心得體會、疑問建議）

教師評閱：

☐實驗目的明確　　☐實驗提交及時　　☐實驗步驟正確

☐實驗結果合理　　☐實驗分析總結全面　☐實驗思考題正確

評語及成績：＿＿＿＿＿＿＿＿＿＿＿＿＿＿＿＿＿＿＿＿＿＿＿

＿＿＿＿＿＿＿＿＿＿＿＿＿＿＿＿＿＿＿＿＿＿＿＿＿＿＿＿＿＿

＿＿＿＿＿＿＿＿＿＿＿＿＿＿＿＿＿＿＿＿＿＿＿＿＿＿＿＿＿＿

評閱教師：　　　　　評閱時間：

國際貿易模擬實驗報告（2）

實驗項目	信用證開立及審核	實驗時間（學時）		實驗地點	
實驗成績(百分制)		實驗性質	☐演示性 ☑驗證性 ☐綜合性		
指導教師					

學生填寫：

一、實驗目的與任務

二、實驗內容（關鍵步驟、主要數據、結果描述）

三、實驗思考題

四、實驗分析總結（心得體會、疑問建議）

教師評閱：

☐實驗目的明確　　☐實驗提交及時　　☐實驗步驟正確

☐實驗結果合理　　☐實驗分析總結全面　　☐實驗思考題正確

評語及成績：_____

_____

_____

評閱教師：　　　　　　評閱時間：

國際貿易模擬實驗報告（3）

實驗項目	發票及裝箱單填製	實驗時間（學時）		實驗地點	
實驗成績(百分制)		實驗性質	□演示性 ☑驗證性 □綜合性		
指導教師					

學生填寫：

一、實驗目的與任務

二、實驗內容（關鍵步驟、主要數據、結果描述）

三、實驗思考題

四、實驗分析總結（心得體會、疑問建議）

教師評閱：

　　□實驗目的明確　　　□實驗提交及時　　　□實驗步驟正確

　　□實驗結果合理　　　□實驗分析總結全面　□實驗思考題正確

　　評語及成績：_____

_____

_____

　　　　　　　　　　　評閱教師：　　　　　　評閱時間：

國際貿易模擬實驗報告（4）

實驗項目	出口貨物明細單及提單填製	實驗時間（學時）		實驗地點	
實驗成績(百分制)		實驗性質	☐演示性	☑驗證性	☐綜合性
指導教師					

學生填寫：

一、實驗目的與任務

二、實驗內容（關鍵步驟、主要數據、結果描述）

三、實驗思考題

四、實驗分析總結（心得體會、疑問建議）

教師評閱：

　　□實驗目的明確　　□實驗提交及時　　□實驗步驟正確

　　□實驗結果合理　　□實驗分析總結全面　　□實驗思考題正確

　　評語及成績：_____

　　_____

　　_____

　　　　　　　　　　　評閱教師：　　　　　評閱時間：

國際貿易模擬實驗報告（5）

實驗項目	保險單、原產地證明及報檢單的填製	實驗時間（學時）		實驗地點	
實驗成績(百分制)		實驗性質	☐演示性 ☑驗證性 ☐綜合性		
指導教師					

學生填寫：

一、實驗目的與任務

二、實驗內容（關鍵步驟、主要數據、結果描述）

三、實驗思考題

四、實驗分析總結（心得體會、疑問建議）

教師評閱：

　　□實驗目的明確　　　□實驗提交及時　　　□實驗步驟正確

　　□實驗結果合理　　　□實驗分析總結全面　□實驗思考題正確

　　評語及成績：_____

　　_____

　　_____

　　　　　　　　　　評閱教師：　　　　　　評閱時間：

國際貿易模擬實驗報告（6）

實驗項目	報關單及匯票的填製	實驗時間（學時）		實驗地點	
實驗成績(百分制)		實驗性質	☐演示性	☑驗證性	☐綜合性
指導教師					

學生填寫：

一、實驗目的與任務

二、實驗內容（關鍵步驟、主要數據、結果描述）

三、實驗思考題

四、實驗分析總結（心得體會、疑問建議）

教師評閱：

☐實驗目的明確　　☐實驗提交及時　　☐實驗步驟正確

☐實驗結果合理　　☐實驗分析總結全面　☐實驗思考題正確

評語及成績：_____

_____

_____

評閱教師：　　　　　　評閱時間：

國際貿易模擬實驗報告（7）

實驗項目	SimTrade 實習平臺及進出口預算表的填寫	實驗時間（學時）		實驗地點	
實驗成績(百分制)			實驗性質	☐演示性　☑驗證性　☐綜合性		
指導教師					

學生填寫：

一、實驗目的與任務

二、實驗內容（關鍵步驟、主要數據、結果描述）

三、實驗思考題

四、實驗分析總結（心得體會、疑問建議）

教師評閱：

☐實驗目的明確　　☐實驗提交及時　　☐實驗步驟正確

☐實驗結果合理　　☐實驗分析總結全面　　☐實驗思考題正確

評語及成績：_____

_____

_____

評閱教師：　　　　　　　評閱時間：

國際貿易模擬實驗報告（8）

實驗項目	外貿流程操作 （L/C+CIF）	實驗時間 （學時）		實驗地點	
實驗成績(百分制)		實驗性質	□演示性	☑驗證性	□綜合性
指導教師					

學生填寫：

一、實驗目的與任務

二、實驗內容（關鍵步驟、主要數據、結果描述）
關鍵步驟依據五種角色分別填寫。

三、實驗思考題

四、實驗分析總結（心得體會、疑問建議）

教師評閱：

　　□實驗目的明確　　　□實驗提交及時　　　□實驗步驟正確

　　□實驗結果合理　　　□實驗分析總結全面　□實驗思考題正確

　　評語及成績：＿＿＿＿＿＿＿＿＿＿＿＿＿＿＿＿＿＿＿＿＿＿

＿＿＿＿＿＿＿＿＿＿＿＿＿＿＿＿＿＿＿＿＿＿＿＿＿＿＿＿＿＿＿＿

＿＿＿＿＿＿＿＿＿＿＿＿＿＿＿＿＿＿＿＿＿＿＿＿＿＿＿＿＿＿＿＿

　　　　　　　　　　　評閱教師：　　　　　評閱時間：

國際貿易模擬實驗報告（9）

實驗項目	外貿流程操作 （D/P+FOB）	實驗時間 （學時）		實驗地點	
實驗成績(百分制)		實驗性質	□演示性	☑驗證性	□綜合性
指導教師					

學生填寫：

一、實驗目的與任務

二、實驗內容（關鍵步驟、主要數據、結果描述）
註明小組角色分配及交易品種，實驗步驟及數據只填寫本人角色。

三、實驗思考題

四、實驗分析總結（心得體會、疑問建議）

教師評閱：

　　□實驗目的明確　　　□實驗提交及時　　　□實驗步驟正確
　　□實驗結果合理　　　□實驗分析總結全面　□實驗思考題正確
　　評語及成績：_____

　　_____

　　_____

　　　　　　　　　　　　評閱教師：　　　　　　評閱時間：

國際貿易模擬實驗報告（10）

實驗項目	外貿流程操作 （L/C+CFR）	實驗時間 （學時）		實驗地點	
實驗成績(百分制)		實驗性質	☐演示性	☑驗證性	☐綜合性
指導教師					

學生填寫：

一、實驗目的與任務

二、實驗內容（關鍵步驟、主要數據、結果描述）
註明小組角色分配及交易品種，實驗步驟及數據只填寫本人角色。

三、實驗思考題

四、實驗分析總結（心得體會、疑問建議）

教師評閱：

☐ 實驗目的明確　　　☐ 實驗提交及時　　　☐ 實驗步驟正確

☐ 實驗結果合理　　　☐ 實驗分析總結全面　☐ 實驗思考題正確

評語及成績：_____

_____

_____

　　　　　　　　　評閱教師：　　　　　　評閱時間：

國際貿易模擬實驗報告（11）

實驗項目	外貿流程操作 （T/T+CIF）	實驗時間 （學時）		實驗地點	
實驗成績(百分制)		實驗性質	□演示性	☑驗證性	□綜合性
指導教師					

學生填寫：

一、實驗目的與任務

二、實驗內容（關鍵步驟、主要數據、結果描述）
註明小組角色分配及交易品種，實驗步驟及數據只填寫本人角色。

三、實驗思考題

四、實驗分析總結（心得體會、疑問建議）

教師評閱：

☐實驗目的明確　　　☐實驗提交及時　　　☐實驗步驟正確

☐實驗結果合理　　　☐實驗分析總結全面　　☐實驗思考題正確

評語及成績：_____

_____

_____

評閱教師：　　　　　　評閱時間：

國際貿易模擬實驗報告（12）

實驗項目	外貿流程操作 （T/T+CFR）	實驗時間 （學時）		實驗地點	
實驗成績(百分制)		實驗性質	☐演示性 ☑驗證性 ☐綜合性		
指導教師					

學生填寫：

一、實驗目的與任務

二、實驗內容（關鍵步驟、主要數據、結果描述）
註明小組角色分配及交易品種，實驗步驟及數據只填寫本人角色。

三、實驗思考題

四、實驗分析總結（心得體會、疑問建議）

教師評閱：

  □實驗目的明確 □實驗提交及時 □實驗步驟正確

  □實驗結果合理 □實驗分析總結全面 □實驗思考題正確

  評語及成績：_____

  _____

  _____

          評閱教師：   評閱時間：

國際貿易模擬實驗報告（13）

實驗項目	外貿流程操作 （D/A+FOB）	實驗時間 （學時）		實驗地點	
實驗成績(百分制)		實驗性質	□演示性	☑驗證性	□綜合性
指導教師					

學生填寫：

一、實驗目的與任務

二、實驗內容（關鍵步驟、主要數據、結果描述）
註明小組角色分配及交易品種，實驗步驟及數據只填寫本人角色。

三、實驗思考題

四、實驗分析總結（心得體會、疑問建議）

教師評閱：

☐ 實驗目的明確　　☐ 實驗提交及時　　☐ 實驗步驟正確

☐ 實驗結果合理　　☐ 實驗分析總結全面　　☐ 實驗思考題正確

評語及成績：_____

_____

_____

評閱教師：　　　　　　　評閱時間：

附件　售貨合同

SALES CONTRACT

合同編號（Contract No.）：
簽約時間（Signing Date）：
簽約地點（Signing Place）：

賣方（The Seller）：
地址（Address）：
電話（Tel）：　　　　　　　　傳真（Fax）：

買方（The Buyer）：
地址（Address）：
電話（Tel）：　　　　　　　　傳真（Fax）：

賣方與買方經協商同意簽訂本合同，按如下條款由買方購進賣方售出以下商品：
(The Seller agrees to sell and The Buyer agrees to buy the under-mentioned goods on terms and conditions as stipulated below:)

1.

序號 (No.)	商品名稱及規格 (Name of Commodity & Specification)	數量/重量 (Quantity/Weight)	單　價 (Unit Price)	總　價 (Total Price)
合計金額（Total Value）：				

註：允許　%的溢短裝。
（Note: overweight or underweight within　% of the total contract weight shall be permitted.）

本合同使用的 FOB、CFR、CIF 等術語，除另有規定外，均遵行國際商會 2000 年制定的《國際貿易術語解釋通則》。

(The terms FOB, CFR, CIF etc. in the Contract shall subject to INCOTERMS 2000 provided by the International Chamber of Commerce unless otherwise stipulated herein.)

2. 包裝（Packing）：

3. 裝運嘜頭（Shipping Mark）：

4. 保險（Insurance）：
買方應按發票金額的110%投保_____險。附加險包括：_____。
(Insurance shall be procured by _____ for 110% of the invoice value against _____. Additional insurance shall include: _____.)

5. 裝運港（Port of Shipment）：

6. 目的港（Port of Destination）：

7. 裝運期限（Time of Shipment）：

8. 付款條件（Terms of Payment）：
□買方應於裝運期前_____天內通過賣方同意的銀行開出以賣方為受益人的全額的、保兌的、不可撤銷的、無追索的、允許轉船和分批裝運的、可轉讓和分割的即期（或_____天遠期）信用證，並在裝運期后 21 天內保留結匯有效。如賣方因故不能按上述裝運期出運，則有關信用證的裝運期和有效期將自動延長 15 天。

(□By full amount, confirmed, irrevocable, without recourse, allowing transshipment and partial shipment, transferable and divisible Letter of Credit to be available by sight draft (or at _____days sight draft) to reach The seller _____ days before shipment and to remain valid for negotiation in China until the 21st day after the aforesaid time of shipment. In case shipment is not effected within the specified time of shipment, an automatic extension of 15 days shall be allowed both for the time of shipment and the expiration of the relevant L/C.)

□裝運前電匯。

(□By T/T before shipment)
□見票付款交單。
(□By D/P at sight)
9. 裝船條件（Terms of Shipment）：

10. 商品檢驗及索賠（Inspection and Claim）：
（1）雙方同意，貨物的質量及數量或重量以國家出入境檢驗檢疫局或生產者驗證為準。如果買方對所運貨物質量有異議，可以在貨到目的港 30 天內向賣方提出索賠。如果買方對所運貨物數量或重量有異議，可以在貨到目的港 15 天內向賣方提出索賠。買方向賣方索賠時，應提供賣方同意的檢驗機構出具的檢驗報告。賣方對於由於自然原因或屬於保險公司、船公司、其他運輸機構或郵局責任造成的損失，不承擔任何責任。

(The two parties agree that the inspection on quality & quantity/weight will be based on Inspection Certificate issued by The State Administration For Entry-Exit Inspection And Quarantine Of The People's Republic Of China (SAIQ) or the Manufacturers with their standards. In case of a quality discrepancy, The Buyer, shall within 30 days after arrival of the goods at the port of destination, lodge against The Seller a claim. In case of a quantity/weight discrepancy, The Buyer shall, within 15 days after arrival of the goods at the port of the destination, lodge against The Seller a claim. The claim (s) should be supported by Inspection Certificate issued by a public surveyor approved by The Seller. It is understood that The Seller shall not be liable for any discrepancy of the goods shipped due to natural causes, or causes falling within the responsibilities of the insurance company, shipping company, other transportation organization or post office.)

（2）買方有義務根據需要取得進口許可證，並安排開立信用證並/或按合同要求付款。如果買方不能在合同規定期限內將信用證開到賣方或按合同規定付款或開來的信用證不符合合同規定，且在接到賣方通知後 10 天內仍不能及時辦妥修正，則賣方有權撤銷合同或延期交貨，並有權提出索賠。

The Buyer shall undertake to take the necessary steps to obtain import license if required and to arrange the opening of L/C and/or effect remittances as required in this contract. In case the Letter of Credit or the remittances dose not reach The Seller within the time stipulated in this contract, or the Letter of Credit opened by The Buyer does not correspond to the stipulations of this contract and The Buyer fails to amend thereafter its terms within 10 days after the receipt of notification from The Seller, The Seller shall have the right to terminate the contract or to postpone the delivery of the goods and shall have also the right to lodge a claim for compensation.

11. 不可抗力（Force Majeure）：

（1）合同任何一方因不可抗力事件不能履行合同的全部或部分義務時，不承擔任何責任。

（Non-performance by a party is excused if that party proves that the non-performance was due to「Force Majeure」.）

（2）本合同所稱不可抗力事件是指合同雙方在訂立合同時不能預見、對其發生和后果不能避免並不能克服的事件，如戰爭、火災、地震、政策變化等。

（「Force Majeure」in this contract refers to an impediment beyond control and that it could not reasonably be expected to have taken the impediment into account at the time of the conclusion of the contract or to have avoided or overcome it or its consequences. Such impediment includes war, fire, earthquake and governmental order or regulation, etc.）

（3）遭受不可抗力的一方必須在事故發生時立即電告另一方並在事故發生后15天內將事故發生地相關機構出具的事故證明書用航空郵寄另一方為證。

（The party who fails to perform must notify the other party by cable within the shortest possible time of the occurrence of the Force Majeure and within 15 days therein send by registered airmail to the other party a Certificate as evidence issued by the relevant authorities of the place where the accident occurs for confirmation by the other party.）

12. 仲裁（Arbitration）：

一切因本合同而發生的或與本合同有關的爭議均應提交北京中國國際經濟貿易仲裁委員會，並根據該會的仲裁規則進行仲裁，該仲裁的裁決為終局裁決，對雙方均有約束力。

（Any dispute arising from or in connection with this Contract shall be submitted to China International Economic and Trade Arbitration Commission in Beijing for arbitration which shall be conducted in accordance with the Commission's arbitration rules in effect at the time of applying for arbitration. The arbitral award is final and binding upon both parties.）

13. 其他（Miscellaneous）：

如果由買方提供商標和包裝設計方案，買方應在裝船期前60天將經確認的設計樣本及其他相關材料的最后確認以快件寄送賣方。如發生違反有關專利、商標法律的情況，由買方承擔責任。

（If the trademark and the design for packing are provided by The Buyer, the approved design and final clarification of all relative details shall be sent by express mail to The Seller and reaching The Seller 60 days before the time of shipment. The Buyer will be held responsible for violation, if any, of the laws in regard to patent design and trademark.）

14. 合同效力（Effectiveness of Contract）：

（1） 本合同以中文書就正本兩份，雙方各執一份。本合同自雙方代表簽字之日起生效。

（This contract shall be written in English with two originals and one copy for each party. This contract shall come into effect immediately after being signed by the representatives of both parties.）

（2） 買方應在收到合同書后的 7 個工作日內將其中一份經簽署且無任何修改的合同書寄送賣方。

（The Buyer should sign one copy and return it without any modification to The Seller within 7 days after receipt.）

（3） 本合同共＿＿＿＿頁，雙方代表須在每一頁上簽字。

（There are totally ＿＿＿ pages in this contract, and signatures of the representatives on behalf of the two parties are required on each page.）

買　方　　　　　　　　　　　　　　　　　　賣　方
（The Seller）　　　　　　　　　　　　　　（The Buyer）

————————　　　　　　　　　　　　————————

註：

在外貿合同中，如賣方以代理人的名義簽訂外貿合同的，外貿合同中可規定以下內容：

合同前言中應規定「賣方作為＿＿＿＿＿＿指定的出口代理人，本合同的一切權利義務均由委託人＿＿＿＿＿＿享有或承擔」（appointed as export agent of＿＿＿＿＿＿, the principal will undertake all rights and duties of the contract.）

合同的末尾簽字處應寫明「（賣方）on behalf of the seller（國內用戶）」，並取得國內用戶的授權書，或國內客戶在本合同中同時簽字。

本合同第 12 條仲裁條款，在簽訂時應爭取註明「本合同一切爭議的解決按照中國法。」（All disputes of the contract should be solved according to Chinese law.）

國家圖書館出版品預行編目(CIP)資料

國際貿易虛擬仿真實驗指導教程/王美英 主編. -- 第一版.
-- 臺北市：崧博出版：財經錢線文化發行，2018.10
　　面；　　公分
ISBN 978-957-735-530-0(平裝)
1.國際貿易
558.5　　　　107016287

書　　名：國際貿易虛擬仿真實驗指導教程
作　　者：王美英 主編
發行人：黃振庭
出版者：崧博出版事業有限公司
發行者：財經錢線文化事業有限公司
E-mail：sonbookservice@gmail.com
粉絲頁　　　　　　網　址：
地　　址：台北市中正區延平南路六十一號五樓一室
8F.-815, No.61, Sec. 1, Chongqing S. Rd., Zhongzheng Dist., Taipei City 100, Taiwan (R.O.C.)
電　　話：(02)2370-3310　傳　真：(02) 2370-3210
總經銷：紅螞蟻圖書有限公司
地　　址：台北市內湖區舊宗路二段 121 巷 19 號
電　　話：02-2795-3656　　傳真：02-2795-4100　網址：
印　　刷：京峯彩色印刷有限公司（京峰數位）

　　本書版權為西南財經大學出版社所有授權崧博出版事業有限公司獨家發行電子書及繁體書繁體版。若有其他相關權利及授權需求請與本公司聯繫。

定價：300元
發行日期：2018 年 10 月第一版
◎ 本書以POD印製發行